MARGIT FRENK

DON QUIJOTE ¿MUERE CUERDO?

Y OTRAS CUESTIONES CERVANTINAS

Para mi querida y reencontrada Alicia, con mucho cariño,
Margit
(08-03-16)

CENTZONTLE
FONDO DE CULTURA ECONÓMICA

Primera edición, 2015

Frenk, Margit
    Don Quijote ¿muere cuerdo? y otras cuestiones cervantinas / Margit Frenk. — México : FCE, 2015
    168 p. ; 17 × 11 cm — (Colec. Centzontle)
    ISBN 978-607-16-3096-4

    1. El ingenioso hidalgo don Quijote de la Mancha — Crítica e interpretación 2. Novela española — Siglo de Oro 3. Literatura española — Siglo de Oro — Crítica e interpretación I. Ser. II. t.

LC PQ6361   Dewey 863.3 F662d

Los textos que se mencionan a continuación se reproducen en esta obra gracias a la fina gentileza de los sellos editoriales que originalmente los publicaron. A todos ellos nuestro más cumplido reconocimiento.

«La voz del narrador en el *Quijote*», Universidad de Guanajuato / Fundación Cervantina de México / Centro de Estudios Cervantinos, sirvió como base para «El placer de contar historias y el goce de escucharlas»; «Juegos del narrador», *Nueva Revista de Filología Hispánica;* «Cosas que calla Cervantes (*Quijote*, I, XLVI-LII)», *Acta Poética;* «¿Cómo leía Cervantes?», El Colegio de México; «Oralidad, escritura, lectura», Real Academia Española / Alfaguara / Santillana, del que procede parte del texto «Coda. Sobre la oralidad en el *Quijote*»; «La lírica popular en los Siglos de Oro y en la obra de Cervantes», Castalia / Centro de Estudios Cervantinos, del que se publica una parte actualizada en el apéndice «La lírica de tipo popular en la obra de Cervantes».

Distribución mundial

Diseño de portada: Teresa Guzmán Romero

D. R. © 2015, Fondo de Cultura Económica
Carretera Picacho Ajusco, 227; 14738 México, D. F.
Empresa certificada ISO 9001:2008

Comentarios: editorial@fondodeculturaeconomica.com
www.fondodeculturaeconomica.com
Tel. (55) 5227-4672; fax (55) 5227-4694

Se prohíbe la reproducción total o parcial de esta obra, sea cual fuere el medio, sin la anuencia por escrito del titular de los derechos.

ISBN 978-607-16-3096-4

Impreso en México • *Printed in Mexico*

Índice

Preámbulo ❖ 7

El placer de contar historias
y el goce de escucharlas ❖ 11

El narrador imprevisible ❖ 19

Juegos del narrador ❖ 39

El prólogo de 1605 y
sus malabarismos ❖ 55

Cosas que calla Cervantes
(Quijote, I, XLVI-LII) ❖ 67

Alonso Quijano no era su nombre ❖ 89

Don Quijote ¿muere cuerdo? ❖ 103

¿Cómo leía Cervantes? ❖ 117

Coda
Sobre la oralidad en el Quijote ❖ 129

Apéndice
*La lírica de tipo popular
en la obra de Cervantes* ❖ 133

Bibliografía ❖ 165

Preámbulo

~

De un modo u otro, es probable que cada escritor tenga en mente a un lector o, digamos, a un tipo de lector que va a leer la obra que está escribiendo. Es, en general, una imagen vaga, sin contornos precisos, pero siempre es la imagen de un lector contemporáneo, quizá del mismo nivel cultural del autor.

Al elaborar el *Quijote* parecería que Cervantes se imaginaba a un lector muy atento, que quisiera escudriñar sus andurriales secretos y gozar con los mil malabarismos que a él se le iban ocurriendo. ¿En qué me baso para decir esto? En el hecho de que una lectura muy intensa y vigilante del texto del *Quijote* va descubriendo esos andurriales secretos y esos malabarismos, que, obviamente, Cervantes no escribió sólo para su propio deleite, sino enfrentándose a ese otro, esa otra, que se ha imaginado que lo estará leyendo. A cada paso pone a prueba a ese lector, como preguntándole:

¿te has fijado en cómo aquí se contradice lo dicho antes?, ¿has notado cómo aquí tergiverso las cosas?, ¿has observado esta nueva travesura que acabo de cometer?, ¿te das cuenta de que te he estado tomando el pelo?

No siempre, por supuesto, han estado los lectores a la altura de tales desafíos. Hasta el día de hoy muchos lectores y críticos se han dejado despistar por ciertas maniobras de Cervantes y por lo que he llamado sus «travesuras». Desde Clemencín, el primer gran editor moderno del *Quijote*, que se empeñó en ver por todas partes descuidos y hasta dislates de Cervantes, ha habido esa tendencia a encontrarle fallas al *Quijote*, descalificando cosas que muchas veces habrán sido puestas ahí adrede, tal como están, quizá con un propósito muy claro. Soy de los lectores convencidos de que Cervantes trabajó su texto con un enorme cuidado, con una atención exquisita en los detalles, tanto en su primera parte como, sobre todo, en la segunda. Su genio, su libertad creadora y esa manera que tenía de sacarle todo el fruto a su interminable inventiva y de divertirse escribiendo, todo ello debe darnos la seguridad de que él sabía muy bien, pero muy bien, lo que hacía.

Con ese espíritu se han concebido y escrito los ensayos del presente libro. Comprende éste todo lo que he publicado hasta ahora sobre el *Quijote* y sobre Cervantes.[1] En cada caso indico la procedencia. Del librito *Cuatro ensayos sobre el Quijote* (FCE, 2013) provienen los intitulados «El prólogo de 1605 y sus malabarismos», «El narrador imprevisible», «Alonso Quijano no era su nombre» y «Don Quijote ¿muere cuerdo?» A ellos se han venido a añadir recientemente «Cosas que calla Cervantes (*Quijote,* I, XLVI-LII)», publicado este año en la revista *Acta Poética;* «Juegos del narrador», que apareció hace algún tiempo en la *Nueva Revista de Filología Hispánica,* y «Cómo leía Cervantes», en el libro *Cervantes. 1547-1947,* también publicado por El Colegio de México, en 1999. Para los otros tres trabajos remito a las notas respectivas; el primero de ellos procede de una conferencia. Todos los textos han sido reelaborados en mayor o menor medida; los dos referentes al narrador han sufrido cambios sustanciales para evitar repeticiones.

Me baso en la edición crítica del *Quijote* dirigida por Francisco Rico (2 vols., Barcelona, 1998) e indico la parte, el capítulo y la página (I, XIV, 156); las cursivas son siempre mías.

---

[1] No he incluido el artículo «Gonzalo Correas y el *Quijote*», publicado en *Actas del XIV Congreso de la Asociación Internacional de Hispanistas,* Madrid, 2004, pp. 233-238, por considerarlo de interés para la obra de Correas, no para el *Quijote*. El trabajo reproducido aquí en el apéndice, «La lírica de tipo popular en la obra de Cervantes», comprende la segunda parte de un artículo publicado en la *Gran enciclopedia cervantina,* ed. Carlos Alvar, vol. 7, *s. v. lírica popular.*

Quisiera expresar mi agradecimiento a los estudiantes de mi seminario en la Facultad de Filosofía y Letras de la UNAM: con su valiosa participación, durante generaciones, han ido creando un fecundo intercambio de ideas y de impresiones que ha repercutido en mi escritura. Gracias a mi actual ayudante, Gabriela Monserrat Espejo, por su apoyo y gracias a los amigos que han venido en mi ayuda en momentos en que mi paupérrima vista me ha tendido una trampa. Mil gracias también a Jorge Gutiérrez Reyna, cuidadoso e indispensable revisor de todo este libro, y a cuantos en el Fondo de Cultura Económica han contribuido a su feliz publicación. Vale.

*El placer de contar historias y el goce de escucharlas**

~

HABLAR de la magna obra de Cervantes implica siempre una cierta osadía: tanto se ha escrito sobre el *Quijote*, que parecería que todo está ya dicho. Y sin embargo, no es así. Una y otra vez volvemos a vivir y a gozar de su lectura, a maravillarnos y a sorprendernos ante la genialidad de su escritura, y esto, pienso yo, nos da derecho de hablar y de escribir sobre el *Quijote*; por ahí quizá demos con algunas cosas que aún no se han dicho, o no se han dicho así.

Con sobrada razón se ha hablado de la «polifonía» del *Quijote*, pues en él confluyen y armonizan muchas y diferentes voces. La mayoría de ellas habla en estilo

---

* La versión primitiva de este trabajo fue una conferencia leída en Guanajuato y luego publicada con el título «La voz del narrador en el *Quijote*», en el libro *20 Coloquio Cervantino Internacional. Homenaje a Eulalio Ferrer*, México, Universidad de Guanajuato / Fundación Cervantina de México / Centro de Estudios Cervantinos, 2010, pp. 359-370. El texto se ha reelaborado totalmente para la presente edición.

directo, casi siempre dialogando con otras voces o, a veces, monologando frente a uno o más oyentes. No pocas voces relatan sucesos que les han ocurrido o han ocurrido a otros. Además, casi todo lo que les sucede a don Quijote y a Sancho vuelve a relatarlo uno de ellos, sin que el texto lo repita, a otros personajes, siempre interesados en escucharlo.

Son muchos los personajes narradores del *Quijote*, sobre todo en su primera parte. Recordemos al pastor Pedro, en el capítulo XII, donde refiere a don Quijote, Sancho y los cabreros el desdichado suicidio del estudiante-pastor Grisóstomo por el amor no correspondido de la hermosísima Marcela. Don Quijote ha escuchado a Pedro con gran interés (aunque algo irritado por sus deturpaciones lingüísticas) y acaba diciéndole: «agradézcoos el gusto que me habéis dado con la narración de tan sabroso cuento» (I, XII, 134). Todos los narradores del *Quijote* cuentan sus cuentos con placer y causan gran gusto a quienes los escuchan, aun si se trata de un caso tan trágico como el de Grisóstomo.

En el ambiente silvestre de Sierra Morena, Cardenio será el segundo narrador, esta vez de su propia triste historia, que don Quijote sólo escuchará a medias. Le seguirá, ahí mismo, la también trágica historia de la hermosa Dorotea, ante el cura, el barbero y Cardenio. Cuando todos ellos se encuentren en la venta de

Juan Palomeque, el Zurdo, con don Fernando y la bellísima Luscinda, la numerosa compañía tendrá ocasión de escuchar el largo cuento del cautivo, que provocará la admiración de los oyentes y hará que don Fernando exclame: «es de tal manera el gusto que hemos recebido en escuchalle, que [...] holgáramos que de nuevo se comenzara» (I, XLII, 493). Más adelante, hacia el final de la primera parte, oiremos de boca de un cabrero la historia de Leandra, la cual causa «general gusto» «a todos los que escuchado le habían», y el canónigo la elogiará por la manera tan elegante en que la ha contado el pastor (I, LII, 582).

Además de esas historias, que todas se presentan como si hubieran ocurrido realmente, está en la primera parte del *Quijote* el relato de Dorotea cuando, convertida en princesa Micomicona, procura que con su inventada historia don Quijote abandone Sierra Morena. Están también los relatos fantásticos que se inventa don Quijote, al estilo de los libros de caballerías, como el del lago hirviente. Y está, por supuesto, la novela corta del *Curioso impertinente,* leída en la venta por el cura, quien después comentará que, «en lo que toca al modo de contarle, no me descontenta» (I, XXXV, 423). Y no olvidemos la fascinación que sienten el ventero, su hija y Maritornes con la lectura en voz alta de libros de caballerías, lectura que, dice el ventero, les quitan mil canas. Por todas partes nos encontramos con el placer de leer o contar historias y con el gusto que sienten los personajes que las escuchan.

Y éste es, ni más ni menos, el mismo placer que experimentamos nosotros, los lectores, al leer y escuchar esta obra maravillosa. Es el placer que nos causa ese «raro inventor» que fue Miguel de Cervantes, el cual visiblemente gozaba él mismo con la infinidad de personajes, de sucesos, de episodios y de discursos que iba imaginando y más aún con la manera como los iba presentando ante nuestros ojos. Es muy probable que fuera descubriendo, mientras escribía, más y más recursos para asombrarnos y aun sacarnos de nuestras casillas.

En torno a la fabulosa pareja dispareja de don Quijote y Sancho, que es el eje que recorre y sustenta la obra, van brotando episodios e historias que, uno tras otro, nos toman por sorpresa; episodios e historias que ellos protagonizan, presencian o escuchan narrar, rodeados como están de múltiples personajes, cada uno con su vida propia, que a su vez pueden convertirse por momentos en protagonistas.

Así como don Quijote y Sancho van caminando, sin apenas reposo, así casi todo lo que sucede con ellos y con los demás transcurre sin pausa ni descanso. El relato de sucesos se detiene, es verdad, cuando don Quijote y Sancho, o a veces otros personajes, conversan largamente, pero aun ahí vamos de sorpresa en sorpresa, porque el diálogo mismo se convierte en un acontecimiento. Recordemos a este propósito el momento, en la venta de Juan Palomeque, en que Sancho ha visto deshacerse la ficción de la princesa Micomicona y derrumbarse así su ilusión de llegar a ser conde. Afligido y enojado, entra Sancho al camaranchón de don Quijote, lo encuentra recién despertado y le espeta:

> —Bien puede vuestra merced, señor Triste Figura, dormir todo lo que quisiere, sin cuidado de matar a ningún gigante ni de volver a la princesa su reino, que ya todo está hecho y concluido.
> —Eso creo yo bien —respondió don Quijote—, porque he tenido con el gigante la más descomunal y desaforada batalla […] y de un revés, ¡zas!, le derribé la cabeza en el suelo, y fue tanta la sangre que le salió, que los arroyos corrían por la tierra como si fueran de agua.
> —Como si fueran de vino tinto, pudiera vuestra merced decir mejor —respondió Sancho—, porque […] el gigante muerto es un cuero horadado, y la sangre, seis arrobas de vino tinto que encerraba en su vientre, y la cabeza cortada es la puta que me parió, y llévelo todo Satanás [I, XXXVII, 434-435].

Nada en este pasaje era previsible: que Sancho llame a su amo, sarcásticamente, «señor Triste Figura»; que don Quijote, despierto, siga aferrado a su sueño y, como un niño, diga «¡zas!»; que Sancho vaya montando en cólera hasta soltar esas palabrotas. Si antes de leer este diálogo, u otro cualquiera, nos preguntáramos: «y ahora ¿qué van a decir?», seguro que no atinaríamos nunca. La inventiva de Cervantes no tenía límites.

Por eso, en el *Quijote* nada se está quedo: todo está en perpetuo movimiento, todo va cambiando. Y los personajes mismos no están hechos de una pieza. Son como nosotros, seres múltiples, que unas veces piensan, hablan y actúan de una manera y otras, de otra diferente, a menudo contradiciendo lo que han pensado, dicho y hecho anteriormente. Esto es especialmente notable en Sancho Panza. ¿Quién que lea y relea el *Quijote* puede decir que Sancho *es* de tal o cual manera? A cada rato nos muestra otra cara. ¿Y alguien podría predecir que don Quijote es capaz de contar un chiste obsceno? Y sin embargo, lo hace de pronto, cuando está en Sierra Morena y le relata a Sancho el cuento de la guapa y rica viuda, amante de un fraile. El superior de la orden le reprocha a la mujer que «se haya enamorado de un hombre tan soez, tan bajo y tan idiota», «habiendo —dice— en esta casa tantos maestros […] y tantos teólogos, en quien […] pudiera escoger como entre peras». Y ella le contesta: «para lo que yo le quiero, tanta filosofía sabe y más que Aristóteles» (I, xxv, 284-285). Y lo que en seguida oímos decir a don Quijote nos deja aún más perplejos: «por lo que yo quiero a Dulcinea del Toboso»: ¿qué es lo que el casto caballero está diciendo o insinuando? Pero él se nos va por la tangente, y Cervantes con él, diciendo que «tanto vale como la más alta princesa de la tierra».

Contagiado por la locura de Cardenio, en Sierra Morena, don Quijote, en una especie de segunda locura, dentro de la suya propia, dice y hace cosas que nadie hubiera esperado de él. Quizá la más notable de ellas consista en decirle a Sancho, sin más, que Dulcinea es Aldonza Lorenzo, lo cual desata una serie de sucesos fundamentales ya en la primera parte y, en la segunda, lleva nada menos que al «encantamiento» de Dulcinea, convertida por obra de Sancho en una fea labradora, y a la obsesión de don Quijote por desencantarla que recorre la obra hasta casi el final.

En el nivel del lenguaje, nuestro caballero, generalmente tan pulcro y refinado en su hablar, cae a ratos en un lenguaje coloquial bastante crudo, sobre todo cuando tiene hambre o siente dolor. Llega, todavía solo, a la primera venta y le dicen que de comer sólo hay truchuelas, y él, que no ha comido en todo el día, responde que está bien, que muchas truchuelas valdrán lo que una trucha, porque es más sabrosa la ternera que la vaca y el cabrito que el cabrón, palabra esta tan fuerte entonces como lo es hoy. Y añade: «sea lo que fuere, venga luego, que el trabajo y peso de las armas no se pueden llevar sin el gobierno *de las tripas*» (I, II, 53). Estos cambios de registro lingüístico se dan sin el menor comentario del narrador, ni de nadie más, en contraste con los de Sancho, que se comentan a menudo.

Sancho, en su hablar y en su actuar, parece ser el depositario principal de muchas de las osadías de Cervantes en el *Quijote*. Son osadías que suelen tenernos en suspenso un buen rato: ¿cómo reaccionará don Quijote ante las insolencias de Sancho, por ejemplo cuando aquél relata lo que le ha «ocurrido» en la cueva de Montesinos?

Junto con la continua movilidad de los personajes, de sus actuaciones y de su lenguaje y la enorme diversidad de cosas que ocurren, ese incesante tenernos en suspenso y llevarnos por un texto nada liso ni parejo, sino lleno de sobresaltos, es una de las maravillas de la creación cervantina. Pero, claro, hay muchas más. Otra de ellas es, sin duda, la voz narrativa, que en el *Quijote* es de una gran complejidad y tan cambiante como los personajes y tan contradictoria, a ratos, como ellos. Ése es el tema de nuestros dos ensayos siguientes.

El narrador imprevisible

~

Cuando leemos el *Quijote* nos sumergimos en una fiesta de voces. Oímos las voces de los dos protagonistas, don Quijote y Sancho Panza, que están ahí, en presencia casi continua, a lo largo de las dos partes (1605 y 1615) de la novela. Oímos las voces de los personajes con los que don Quijote y Sancho se van topando en sus andanzas; las de los que cuentan sus historias o las historias de otros; las de los personajes que se congregan en ventas, en casas particulares, en el castillo de los duques o a cielo abierto. Es un pulular de voces distintas, siempre sorprendentes.

Puesto que no se trata de una obra teatral, por fuerza tiene que haber en el *Quijote* otra voz, una voz que vaya dando sustento y ligando entre sí a esas otras voces, que las comente y que nos cuente sucesos y situaciones de que ellas no dan noticia. ¿Cuál, de quién, es esa voz? ¿Quién dice, usando la primera persona del singular, «En un lugar de la Mancha, de cuyo nombre no *quiero* acordarme»? ¿Quién nos relata, desde un presente, que «no ha mucho tiempo que vivía un hidalgo de los de lanza en astillero, adarga antigua, rocín flaco y galgo corredor» (p. 35)? Se diría que es una voz sin cuerpo, que parece flotar por encima de las voces de los personajes.

Muchos han pensado, desde siempre, que esa voz es la de Miguel de Cervantes, ni más ni menos. En nuestros propios días hay quien se empeña en sostener, contra viento y marea, que la voz narrativa en el *Quijote* es su autor, es Cervantes mismo. Digo que contra viento y marea porque ahora somos más sofisticados y ya no identificamos al narrador en una obra de ficción con la persona que la ha escrito. El estructuralismo y muy especialmente la narratología nos han hecho ver con claridad meridiana que nunca jamás el señor de carne y hueso, el que viste y calza, está metido dentro de la novela que escribe. Que éste, así como crea personajes, crea también una voz que relata, un narrador, que, al margen de esos personajes, e incluso cuando es uno de ellos, cumple una serie de funciones fundamentales. Y es fundamental, en la lectura de cualquier obra narrativa, el reconocimiento de esa voz para no caer en confusiones que distorsionan la intención del autor. Eso lo sabe muy bien la moderna narratología y, en el caso específico del *Quijote*, entre otros, el importante trabajo de José María Paz Gago, al que volveremos en el siguiente ensayo.

En el *Quijote* sentimos, de principio a fin, la presencia intermitente de esa voz narrativa. A ella le ha encomendado su creador varias tareas, a la vez que le ha otorgado libertad para realizarlas a su gusto. Le ha encomendado la pintura de paisajes, la narración detalladísima de los acontecimientos, de las actitudes y acciones de los personajes y de sus más recónditas imaginaciones, lo mismo que la descripción de su aspecto físico y la aguda percepción de su peculiar psicología. También ha dejado a su cargo y a su libre albedrío hacer, aquí y allá, comentarios, irónicos o no, sobre lo que va narrando o describiendo y sobre lo que dicen y hacen los personajes. Es un narrador que adopta lo que la moderna narratología llama «no focalización» (Genette) o «focalización cero» (Pimentel): un narrador que «entra y sale *ad libitum* de la mente de los personajes más diversos, mientras que su libertad para desplazarse por los distintos lugares es igualmente amplia» (Pimentel, *El relato*, p. 98).

A diferencia de las demás voces, la del narrador del *Quijote* no se dirige a otro o a otros dentro de la novela, sino a su lector u oyente. A éste le habla explícitamente en más de una ocasión, como: «Y eran (si no lo has, ¡oh lector!, por pesadumbre y enojo) seis mazos de batán» (I, XX, 218-219), o cuando llevan a Sancho a la ínsula Barataria: «Deja, lector amable, ir en paz y enhorabuena al buen Sancho, y espera dos fanegas de risa que te ha de causar el saber cómo se portó en su cargo, y en tanto atiende a saber lo que le pasó a su amo aquella noche» (II, XLIV, 982). Nuestro narrador no tiene quien le responda: habla solo, aunque sabe que lo están, que lo estamos, escuchando.

También Cervantes mismo se ha dirigido, en sus dos prólogos, al «desocupado lector» y al «lector ilustre o quier plebeyo» de la novela, pero su voz es otra de la del narrador, el cual toma la palabra a partir del primer capítulo de cada parte.

Si acaso hace falta comprobar que la voz narrativa del *Quijote* no es la de su autor, observemos al narrador de una novela corta del propio Cervantes. El texto mismo del *Quijote* nos ofrece una excelente novela corta, la del *Curioso impertinente,* que el cura lee a los huéspedes de la venta y que es totalmente independiente del resto de la obra. Pues bien, la voz narrativa del *Curioso impertinente* se extiende en largas generalizaciones, muchas veces moralizantes y, además, realizando un juego sin precedentes, se mete en el texto y le lanza al protagonista una larga arenga: «¡Desdichado y mal advertido de ti, Anselmo! ¿Qué es lo que haces? ¿Qué es lo que trazas?», etc. (I, XXXIII, 393). Las amplias generalizaciones y esa irrupción del narrador en el relato son cosas que el narrador del resto del *Quijote* no haría ni hace nunca. Es evidente que, en cada caso, el autor Cervantes ha creado una entidad distinta, una voz narrativa *ad hoc*, la cual, entre otras cosas, contribuye a diferenciar la novela corta de la novela extensa en que va inserta.

Pero no he contestado mi pregunta: ¿de quién es la voz del narrador en el *Quijote*, si no es la de Cervantes? Es de una entidad que se basta a sí misma, independiente de su autor. La crítica narratológica lo llama, técnicamente, *narrador extradiegético-heterodiegético*, lo cual quiere decir que está fuera de la *diégesis* y por lo tanto no participa en los hechos relatados. A este narrador no hay manera de confundirlo con los personajes narradores, como el pastor Pedro, Cardenio, Dorotea, el cautivo y tantos otros, que sí están dentro de la diégesis de la novela y que sí tienen, dentro de ella, quien los escuche y les responda.

Quisiera detenerme un poco más en ese narrador, en su comportamiento dentro del texto, en sus maneras de hacerse presente y de casi esfumarse; en su omnisciencia y cómo la sabotea; en cómo se distancia de los personajes y a la vez se les aproxima, y en otros rasgos sumamente curiosos que lo caracterizan. Pero antes importa hacernos otra pregunta indispensable: ya que el narrador no es Cervantes, ¿será acaso su portavoz? En no pocas novelas modernas sucede eso. Pero en esta nuestra primera novela moderna, no. Sin duda, aquí y allá Cervantes convierte al narrador en portavoz suyo, como quizá cuando, en un pasaje que veremos en seguida, le hace decir: «yo soy aficionado a leer aunque sean los papeles rotos de las calles» (I, IX, 107). Ocurre, sin embargo, que en determinados momentos Cervantes también convierte en portavoz suyo a algún personaje: al cura, al canónigo, a la pastora Marcela, y por supuesto al propio don Quijote de la Mancha y al propio Sancho Panza. Pero ni el narrador ni ninguno de los personajes es su portavoz perpetuo; lo que es más, cuando de pronto Cervantes parece hablar por boca de uno de ellos, no vacila en darle la espalda en seguida y hasta en burlarse de él.

Baste un ejemplo. El cura suele decir cosas sensatas, que pueden reflejar lo que pensaba Cervantes. En el escrutinio de la biblioteca de don Quijote, por ejemplo, hace a veces —¡no siempre!— comentarios tan juiciosos sobre algunos libros, que es de suponer que expresan los de don Miguel. Pero ¡cómo se burla Cervantes del cura cuando éste, tras censurar acremente los libros de caballerías por sus relatos inverosímiles y disparatados, pone por las nubes a Diego García de

Paredes, del cual dice, plenamente convencido, que era tan fuerte, «que detenía con un dedo una rueda de molino en la mitad de su furia y, puesto [...] en la entrada de una puente, detuvo a todo un innumerable ejército» (I, XXXII, 372)! No hay ningún comentario a este pasaje, pero imaginamos a Cervantes riéndose entre dientes cuando hace decir al cura tales disparates.

Con su narrador procede de manera semejante, aunque más sutilmente. Un buen lector observa, por ejemplo, que los comentarios negativos del narrador sobre Sancho Panza están lejos de estar en correspondencia con el personaje creado por Cervantes. Nos cuenta el narrador que, de regreso de su primera salida, «solicitó don Quijote a un labrador vecino suyo, hombre de bien —si es que este título se puede dar al que es pobre—, pero de muy poca sal en la mollera» (I, VII, 91). De hecho, la obra nos mostrará a un Sancho Panza con mucha sal en la mollera. Resumiendo: el narrador ha sido creado por Cervantes, pero no es Cervantes, ni es su portavoz, y goza de una autonomía paralela a la de los personajes.

El narrador en el *Quijote* es un ser proteico. No tiene empacho en mostrarse abiertamente, pero tampoco en disminuirse hasta casi desaparecer. Detengámonos un momento en los capítulos IX a XI de la primera parte. En el capítulo IX el narrador llega al momento máximo de visibilidad, hasta convertirse, por un instante, en un casi personaje que habla en primera persona. No interviene en los hechos relatados en la novela, no se incorpora a la diégesis, pero, en cambio, nos habla del libro que estamos leyendo y de su escritura. Nos informa a los lectores sobre el hallazgo de un manuscrito que contiene la historia de don Quijote y que va a permitir continuar el relato que ha quedado trunco en el capítulo anterior, dejando a don Quijote y al vizcaíno con las espadas levantadas, a punto de matarse el uno al otro. Nos informa, pues, que

> Estando yo un día en el Alcaná de Toledo, llegó un muchacho a vender unos cartapacios y papeles viejos […]; y como yo soy aficionado a leer aunque sean los papeles rotos de las calles, llevado desta mi natural inclinación tomé un cartapacio de los que el muchacho vendía [I, IX, 107].

Compra el manuscrito, que resulta estar en árabe y ser obra de un tal Cide Hamete Benengeli. Contrata a un morisco para que se lo traduzca. El morisco toma el libro y, «leyendo un poco en él, se comenzó a reír» (p. 108).

> Preguntéle yo de qué se reía, y respondióme que de una cosa que tenía aquel libro escrita en el margen […]: «Esta

Dulcinea del Toboso, tantas veces en esta historia referida, dicen que tuvo la mejor mano para salar puercos que otra mujer de toda la Mancha» (I, IX, 108).

Sin entrar ahora en las muchas implicaciones de este delicioso pasaje ni en la genial ocurrencia de Cervantes al idear todos esos avatares del libro que él está escribiendo, notemos sólo la ostensible presencia del narrador, con el potente y reiterado «yo», que domina el comienzo de ese capítulo.[1] Pues bien, nos trasladamos al siguiente capítulo, el X, y nuestro narrador se ha hecho ojo de hormiga. Como arrinconado y humilde, relata, sin comentario alguno, lo que ocurre con don Quijote y Sancho y los deja hablar largamente, sin más intromisiones que, aquí y allá, un «dijo Fulano» y un «respondió Zutano».

Termina el capítulo X con la llegada a las chozas de los cabreros, donde, en el capítulo XI, don Quijote habrá de pronunciar su famoso discurso sobre la Edad de Oro. El narrador registra respetuosamente los hechos y cede la palabra a don Quijote. Pero cuando éste termina de hablar, nos sorprende con las siguientes palabras: «Toda esta larga arenga (que se pudiera muy bien escusar) dijo nuestro caballero, porque las bellotas

---

[1] Véase Pimentel, *El relato*, pp. 135-136.

que le dieron le trujeron a la memoria la edad dorada, y antojósele hacer aquel inútil razonamiento a los cabreros» (I, XI, 123).[2]

Si en la novela del *Curioso impertinente* el narrador no abandona nunca la escena, en el resto de la obra el narrador entra y sale de ella y vuelve a entrar, y parecería que lo hace caprichosamente, cuando se le antoja. Unas veces se hace visible, otras es casi invisible, y siempre es imprevisible. No nos esperábamos, capítulos adelante, un comentario como el que dedica a la pobre de Maritornes en la escena nocturna de la venta (I, XVI, 174): «Y era tanta la ceguera del pobre hidalgo, que el tacto ni el aliento ni otras cosas que traía en sí la buena doncella no le desengañaban, las cuales pudieran hacer vomitar a otro que no fuera arriero».

Las intervenciones del narrador suelen ser más moderadas que las dos que he citado. Muchísimas veces se limitan a calificar a un personaje o sus obras con una sola palabra, entre compasiva e irónica: «Con estas razones perdía el pobre caballero el juicio» (I, I, 38); «Tal quedó de arrogante el pobre señor con el vencimiento del valiente vizcaíno» (I, XV, 162); «la mala suerte del desdichado Sancho» (I, XVII, 184); «y con esto el

---

[2] El narrador del *Quijote* «hace sentir su presencia con sus juicios y opiniones en torno a lo que va narrando» (*ibid.*, p. 142).

triste caballero [Cardenio] comenzó su lastimera historia» (I, XXVII, 305).

Como quien no quiere la cosa, el narrador va tiñendo así, con sus breves calificativos, a los personajes, a los objetos, a los sucesos. Sin duda, la necesidad de calificar las cosas es una característica de esta voz narrativa, que a veces se complace en comentarios más extensos.

Trasladémonos nuevamente a la famosa escena nocturna en la venta de Juan Palomeque, el Zurdo. A don Quijote lo acuestan en una «maldita cama», en un «duro, estrecho, apocado y fementido lecho» (I, XVI, 168, 171). Y luego:

> Esta maravillosa quietud y los pensamientos que siempre nuestro caballero traía de los sucesos que a cada paso se cuentan en los libros autores de su desgracia, le trujo a la imaginación una de las estrañas locuras que buenamente imaginarse pueden; y fue que él se imaginó haber llegado a un famoso castillo [...] y que la hija del ventero lo era del señor del castillo, la cual, vencida de su gentileza, se había enamorado dél y prometido que aquella noche, a furto de sus padres, vendría a yacer con él una buena pieza; y teniendo toda esta quimera que él se había fabricado por firme y valedera, se comenzó a acuitar y a pensar en el peligroso trance en que su honestidad se había de ver [I, XVI, 172].

Distante del pobre caballero y de sus *estrañas locuras*, el narrador está a la vez dentro de él, pues conoce sus más secretos pensamientos, imaginaciones y sentimientos. Es el narrador omnisciente, el que lo sabe todo.

La omnisciencia es rasgo que nuestro narrador comparte con los de tantas obras anteriores y contemporáneas. Nuestro narrador se ha encargado él mismo de recalcar su omnisciencia cuando, burlándose, elogia a Cide Hamete Benengeli porque «pinta los pensamientos, descubre las imaginaciones […], los átomos del más curioso deseo manifiesta» (II, XL, 949-950). En efecto, el narrador se adentra sin escrúpulos en lo que los personajes piensan, imaginan, sienten, recuerdan, «dicen entre sí», siguiendo en esto a los narradores tradicionales.

Y sin embargo, no nos encontramos aquí con un típico narrador omnisciente, porque a lo largo de la obra, una y otra vez, va socavando su omnisciencia, insertando indicios de que él no lo sabe todo. Empezando por algo tan importante como el nombre original de su protagonista: «Quieren decir que tenía el sobrenombre de "Quijada", o "Quesada"» (I, I, 36-37). O sea, que sólo registra la insegura opinión de otros, si bien añade: «por conjeturas verisímiles […] "Quijana"», apuntando el nombre que, según otros indicios, fue el que le puso Cervantes en su imaginación. Tampoco conoce con seguridad el origen de su Dulcinea, pues cuenta que «fue, *a lo que se cree,* que en un lugar cerca del suyo había una moza labradora de muy buen parecer, de quien él algún tiempo anduvo enamorado» (I, I, 44) y que se llamaba Aldonza Lorenzo.

Son muchos y diversos los recursos que usa el narrador cuando se pretende no omnisciente. Ahí están los varios «autores», anónimos o no, y sus divergentes interpretaciones. Ahí, las referencias a opiniones de sujetos impersonales no identificados: «y *así se cree que* fueron al fuego» (I, VII, 88);[3] «¿No es bueno que *dicen que* se holgó don Lorenzo de verse alabar de don Quijote, aunque le tenía por loco?» (II, XVIII, 779). Del caballero manchego «*es opinión que* muchos años fue enfermo de los riñones» (II, XVIII, 772).

Eso por una parte; por otra, las muchas expresiones que aluden a una cierta inseguridad que manifiesta el narrador sobre lo que él mismo va relatando. No sólo cuando fluctúa entre varias posibilidades, sino en los frecuentísimos «parece ser que», «debía de», «sin duda». Así, las hacas con las que ansía refocilarse Rocinante, «*a lo que pareció, debían de* tener más gana de pacer que de ál» (I, XV, 160). El mancebito que va a la

---

[3] Me permito recordar que en todas las citas del *Quijote* las cursivas son mías.

guerra lleva «un bulto o envoltorio, *al parecer* de sus vestidos, que *al parecer debían de* ser los calzones o greguescos, y herreruelo y alguna camisa» (II, XXIV, 832): el narrador mete los ojos en el envoltorio y nos dice lo que contiene, y a la vez aparenta no estar seguro de lo que dice.

Son muchas las situaciones sobre las que el narrador proyecta sus dudas, con expresiones como *quizá, al parecer, debía de, se cree que, dicen que, es opinión que, parece ser que...*

Estamos en otra venta, esta vez en la segunda parte. Don Quijote se encuentra en su aposento, y —momento crucial— «*Parece ser que* en otro aposento que junto al de don Quijote» estaban dos hombres, leyendo y comentando la segunda parte apócrifa del *Quijote*, la de un tal Fernández de Avellaneda... (II, LIX, 1110), que, en efecto, salió publicada en 1614. Lo que sólo «parecía ser», fue, y el descubrimiento del *Quijote* apócrifo le cambia la vida a don Quijote, como se la cambió a Cervantes.

Las frecuentes expresiones dubitativas de ese narrador supuestamente omnisciente nos enfrentan a una realidad inestable, insegura. Pero hay además ocasiones en que a nuestro proteico narrador se le ocurre dejar totalmente de lado su omnisciencia y convertirse en simple testigo presencial de los hechos que relata, a fuer de cronista que desconoce los antecedentes y las consecuencias de esos hechos. El caso paradigmático es para mí el del supuesto suicidio de Basilio en el episodio de las bodas de Camacho. El narrador se revela aquí tan engañado como la mayoría de los presentes, pues nos informa que Basilio quedó «bañado en su sangre y tendido en el suelo, de sus mismas armas traspasado» (II, XXI, 803). Cuando Basilio logra su propósito de casarse con la que iba a ser esposa de Camacho, se pone en pie y «con no vista desenvoltura» se saca el estoque que se había clavado en el cuerpo, pues ante la admiración de todos resulta que «la cuchilla había pasado […] por un cañón hueco de hierro […] lleno de sangre […] preparada la sangre, según después se supo, de modo que no se helase» (II, XXI, 806). Sólo los amigos de Basilio y, quizá, la novia estaban enterados del engaño, que todos los demás, incluyendo al narrador, sólo descubrieron después. Es decir, el narrador adopta *momentáneamente* la «focalización interna», en palabras de Gérard Genette, en la cual «restringe su libertad con objeto de seleccionar únicamente la información narrativa»[4] de la que disponen, en este caso, otros personajes.

La fórmula *según después se supo,* y sus variantes, procede de la narrativa oral y aparece varias veces en

---

[4] Véase Pimentel, *El relato*, p. 99.

el *Quijote,* haciendo constar en cada ocasión que el narrador está lejos de saberlo todo. Un ejemplo: en el capítulo IV leemos que «descubrió don Quijote un grande tropel de gente, que, *como después se supo,* eran unos mercaderes toledanos» (I, IV, 67), o sea que el narrador no lo sabe en el momento en que, supuestamente, presencia la escena.

Quizá por ese su afán de sabotear su omnisciencia tiende también el narrador a dejar que los personajes refieran lo ocurrido y limitarse a confirmarlo *a posteriori,* con otra de sus fórmulas preferidas, *así era la verdad* y sus variantes. «"No oigo otra cosa —respondió Sancho— sino muchos balidos de ovejas y carneros." Y así era la verdad, porque ya llegaban cerca los dos rebaños» (I, XVIII, 193). Al encontrarse con hombres colgados de los árboles, dice don Quijote: «por donde me doy a entender que debo de estar cerca de Barcelona», y el narrador confirma: «Y así era la verdad como él lo había imaginado» (II, LX, 1118). Observemos, de paso, que en momentos como éstos el narrador está ahí, juntito a los personajes y a los sucesos, pues los presencia y confirma. No es, como en muchos otros momentos de la obra, esa sombra que parecería flotar por encima de las voces de los personajes. Su naturaleza proteica lo sitúa ya cerca, ya lejos de los hechos que relata.

La voz narrativa en el *Quijote* presenta, pues, rasgos muy extraños, contradictorios e imprevisibles. Otro de ellos es una manera que tiene de contar las cosas no como ocurren, sino como las vieron y vivieron los personajes. No cuenta, digamos, que «por el camino en que iban venían hacia ellos unas lumbres», etc., sino: «*vieron* que por el mesmo camino que iban venían hacia ellos gran multitud de lumbres […] y *vieron* que las lumbres se iban acercando a ellos» «y de allí a muy poco *descubrieron* muchos encamisados [después] distintamente *vieron* lo que era, porque *descubrieron* hasta veinte encamisados» (I, XIX, 200, 201).

En el famoso episodio del yelmo de Mambrino, el narrador hubiera podido contar que «por ahí acertó a pasar un hombre a caballo», etc.; pero lo que dice es: «De allí a poco, *descubrió* don Quijote un hombre a caballo que traía en la cabeza una cosa que relumbraba como si fuera de oro» (I, XXI, 223).[5] Es ésta una manera constante de contar los encuentros y otros sucesos en la novela cervantina. El recurso tiene sus variaciones. «Vivaldo, que deseaba ver lo que los papeles decían, abrió luego el uno dellos y *vio que* tenía por título […] y él, leyendo con voz clara, *vio que* así decía» (I, XIII,

---

[5] Aunque de manera algo distinta, Paz Gago aborda este fenómeno, al cual, empleando el término de Jost, denomina «ocularización», en *Semiótica*, pp. 136-137.

146). Esperaríamos: «y él, leyendo con voz clara, dijo», pero no: el texto tiene que pasar primero por sus ojos.[6] Esto nos enfrenta, una y otra vez, con una paradoja: el narrador parece renunciar a su omnisciencia al delegar en los personajes la percepción de las cosas. Y a la vez, resulta que hay una omnisciencia absoluta, pues el narrador tiene el don de meterse en la mente de sus personajes y observar desde ahí lo que ellos vieron.

Ya veremos adelante otras manifestaciones aún más notables de esa como «identificación» del narrador con los personajes, pues llega a mimetizar no sólo su lenguaje externo, sino también el de sus pensamientos e imaginaciones. Pero la voz narrativa del *Quijote* es una entidad contradictoria si las hay, y en el otro extremo nos encontramos con una voz distante, capaz de burlarse hasta de los momentos más trágicos de su relato. Recordemos el despiadado final de la aventura del barco encantado: «Volvieron a sus bestias, y a ser bestias» (II, XXIX, 874). Recordemos también su cruel ironía justo antes de la brutal irrupción de los toros, que marca el definitivo comienzo del final de don Quijote como caballero andante. Dice: «la suerte, que sus cosas *iba encaminando de mejor en me-*

---

[6] Aquí entra también el hecho, tan curioso, de que los versos sólo se citan cuando un personaje los recuerda o cuando, grabados en los árboles o conservados en manuscritos antiguos, logran leerse.

jor, ordenó que […]» (II, LVIII, 1105). ¿Y qué dice el narrador después de contar la derrota definitiva del protagonista a manos del Caballero de la Blanca Luna? Sancho «temía si quedaría o no […] *deslocado* su amo [o sea, dislocado, descoyuntado], que *no fuera poca ventura si deslocado quedara* [liberado de su locura]» (II, LXIV, 1161). Y finalmente, cuando don Quijote está agonizando: «Andaba la casa alborotada, pero, con todo, comía la sobrina, brindaba el ama y se regocijaba Sancho Panza, que esto del heredar algo borra o templa en el heredero la memoria de la pena que es razón que deje el muerto» (II, LXXIV, 1221). Y para acabar de desdramatizar la escena, nos dice el narrador, usando la primera persona del singular, que don Quijote «dio su espíritu, *quiero decir* que se murió» (p. 1221). Así de sencillo. Y aquí se ha cerrado el círculo: el «*quiero decir*» del narrador empalma con su inicial «de cuyo nombre no *quiero* acordarme».[7]

La moderna narratología nos ha sensibilizado para percibir en el *Quijote* una serie de estratificaciones y de matices extraordinariamente interesantes. Y a la vez —hay que decirlo— ese estudio, tan científico, se queda corto ante la genialidad de Cervantes, ante la suprema

---

[7] Usa el *quiero decir* para explicar una expresión suya que podría pecar de sutil —«dio su espíritu»—, como ocurre también al comienzo del capítulo II, XXVI, después de citar la *Eneida*: «"Callaron todos, tirios y troyanos", quiero decir, pendientes estaban todos» (p. 846).

libertad con la que se salta una y otra vez las categorías que quisieran aprisionarlo. Su narrador es «extradiegético-heterodiegético», pero es capaz de confiscar para sí todo un capítulo (el I, IX); es omnisciente, pero finge dejar de serlo cuando se le pega la gana; parece respetar a los personajes y, sin embargo, los maltrata a las primeras de cambio. Y así sucesivamente.

Juegos del narrador

☙

Como apuntábamos en el ensayo anterior, la presencia de lo que llamamos «la voz narrativa» o «el narrador» recorre el *Quijote* de principio a fin. Exceptuando los dos prólogos, el narrador está ahí, intermitentemente, y su voz, única, aunque cambiante, se diferencia claramente de las de los personajes narradores, con los cuales se la confunde a menudo.[1] Se le ha llamado también

---

[1] En su admirable análisis narratológico, José María Paz Gago considera que el narrador principal «cede la palabra» o «finge ceder la palabra» a los personajes *(Semiótica, passim),* a los cuales domina y controla. En este aspecto mi visión del narrador difiere de la suya. Por lo demás, observo que en su *Semiótica* Paz Gago suele usar expresiones como «el narrador o los personajes», «el narrador y los personajes» y llega a decir que «las voces de los personajes tienen autonomía respecto a la del narrador» (p. 103 y *cf.* p. 108), una autonomía que les escatima en otros momentos. Disiento, en general, de su reiterada idea (coincidente con la de J. A. Parr) de que el narrador principal ejerce «control sobre la totalidad del texto narrativo» (p. 95, *passim*) y «asume y organiza el relato del *Quijote,* su configuración y estructuración» (p. 99). El gran organizador y controlador no puede ser, creo yo, sino el «autor empírico», o sea, Miguel de Cervantes.

«voz primordial», «narrador principal», «supranarrador», «narrador externo» y, más técnicamente, «narrador extradiegético-heterodiegético», etc. José María Paz Gago se ha ocupado de forma minuciosa de ella, desde un ángulo narratológico, primero en un artículo de 1989 y luego en su libro *Semiótica del* Quijote, de 1995. Como él dice acertadamente, no se trata de un sujeto personal, sino de un sujeto textual.

Paz Gago nos recuerda que el «cervantismo tradicional […] ha ignorado» a esa voz tan importante (*Semiótica*, pp. 90-98).[2] Y, en efecto, no existe, que yo sepa, una observación atenta y detenida de esa voz y de sus características.

La voz narrativa es en el *Quijote* uno de los grandes logros artísticos de Cervantes. No es una voz más en el múltiple universo verbal de la obra: su peso es de tal magnitud, que me atrevería a llamarla *la tercera voz protagonista,* compañera, en otro nivel, de las de don Quijote y Sancho.

Nuestro narrador hace cosas muy diversas; relata y describe en tono neutro, pero también valora, comenta, critica, se burla y hasta hace chistes. Su actuación,

---

[2] Véase su crítica del cervantismo y de las confusiones en que incurre por «el hecho de no reconocer la existencia de un narrador exterior» (*Semiótica*, p. 97); sobre éste son fundamentales las pp. 98-108. Para complementar su amplia bibliografía, véase Stoopen, *Los autores*, pp. 189-194.

si así podemos llamarla, va cambiando, se va moviendo, así como todo en el *Quijote* «se mueve».

El narrador habla como los personajes

Hemos visto, en el ensayo anterior, cómo el narrador cuenta a menudo las cosas no como ocurren, sino como las ven los personajes. Con esa manera de narrar, que tantas veces hace recaer en los personajes la experiencia directa de los hechos, puede relacionarse uno de los aspectos más fascinantes del *Quijote*, aspecto que suele adquirir un sesgo lúdico: el narrador, usando el estilo indirecto libre, mimetiza los modos de hablar y de pensar de sus personajes, sobre todo de don Quijote y, con ello, su visión de las cosas. Así, en ciertos momentos adopta la *fabla* del protagonista, usando términos como *ferido, malferido, fermosura, fecho*. Recordemos el episodio de Maritornes, cuando el narrador refiere las fantasías eróticas del caballero: la hija del señor del castillo, enamorada de él, «a furto de sus padres, vendría a yacer con él» y cómo con esta quimera «se comenzó a acuitar», porque no quería «cometer alevosía a su señora» (I, XVI, 172-173). *A furto, yacer, acuitarse, alevosí*a son voces arcaicas del vocabulario seudocaballeresco de don Quijote que el narrador, cuyo lenguaje no es nada arcaizante, adopta aquí al hablar no de algo que don Quijote dijo, sino de lo que imaginó. (También —parece decirnos el narrador— las fantasías caballerescas del personaje estaban plagadas de arcaísmos.)

En Sierra Morena el manchego «estaba determinado de no parecer ante su fermosura fasta que hobiese fecho fazañas que le ficiesen digno de su gracia» (I, XXIX, 334). Ya hacia el final de la primera parte leemos: «y confirmóle más esta imaginación pensar que una imagen [...] de luto fuese alguna principal señora que llevaban por fuerza aquellos *follones* y *descomedidos malandrines*» (I, LII, 585). El narrador se introduce de nuevo en la imaginación del protagonista y la imita fielmente. El narrador sabe muy bien que lo que don Quijote ha quitado al barbero es una simple bacía, pero nos dirá que «entró en la venta el barbero a quien don Quijote quitó *el yelmo de Mambrino*» (I, XLIV, 518).

Ciertamente hay mucho de juego en esta adopción del punto de vista del personaje. Y es un juego ambiguo, porque, por un lado, parecería ser un acto de empatía con aquél, un decir: «entiendo lo que estás pensando y te acompaño en ese pensamiento». Dicho narratológicamente, parece haber aquí una *focalización interna fija*. Por otro lado, teniendo en cuenta la distancia con la que el narrador suele ver a su personaje, su gesto puede considerarse como uno de sus muchos comentarios irónicos; estaría, entonces, burlándose del protagonista. Lo más probable es que sean las dos cosas a la vez.

Ya en la segunda parte de la obra el narrador nos hablará de «la desmayada Altisidora», después de haber dicho que sólo «fingió desmayarse» (II, XLVI, 999). Del mismo modo, nos habla del «vuelo de Clavileño» (II, LXII, 967), y sabemos que no hubo tal vuelo, y el capítulo XXIX de la segunda parte termina con «este fin tuvo la aventura del encantado barco» (p. 874), donde el narrador se burla abiertamente de don Quijote, pese a la tragedia que para él ha significado esa «aventura». Y yendo más atrás en el *Quijote* de 1615, recordemos que en el fundamental capítulo X, en que Sancho «encanta a Dulcinea», haciendo creer a su amo que una rústica labradora es ella, el narrador no deja de referirse a la aldeana como «Dulcinea».

Es interesante observar cómo resuena esa voz irónica del narrador muy claramente en varios epígrafes de la novela. Veamos algunos. El del capítulo II, XXIX, reza: «De la famosa aventura del barco encantado». Lo mismo ocurre en los epígrafes de otros capítulos.[3]

---

[3] En la interesante sección de su *Semiótica* que dedica a los epígrafes internos (pp. 59-66) Paz Gago, a la vez que subraya su «fuerte

Especialmente bonito es el del que precede al capítulo XVIII de la segunda parte: «De lo que sucedió a don Quijote *en el castillo o casa* del Caballero del Verde Gabán» (p. 771). En ningún momento afirma don Quijote que la casa de don Diego de Miranda sea un castillo. Aquí el narrador se nos quiere mostrar más quijotesco que el protagonista. Y todavía reincide, pues termina el capítulo diciendo: «y con la buena licencia de la señora del castillo […] se partieron» (p. 781). Hay una evidente intención lúdica en esa adopción de la visión de don Quijote y en ese poner a prueba la perspicacia de los lectores: ¿hemos observado que sólo el malicioso narrador, y no don Quijote, tergiversa aquí la realidad?

Mezcla de perspectivas

Pero más juguetón aún se muestra el narrador cuando se da el lujo de mezclar la visión de don Quijote con lo que podemos llamar «su propia perspectiva». Esto ocurre de manera muy notable en el segundo capítulo de

contenido lúdico», los atribuye explícitamente al «autor», y de él son, por supuesto. Conviene tomar en cuenta, sin embargo, que varios de ellos coinciden con la voz del narrador en su adopción del punto de vista de don Quijote. Así, entre otros, el de I, XXVI, sobre la «brava y descomunal batalla» que el protagonista entabla con… «unos cueros de vino» (*cf.* Paz Gago, *Semiótica,* pp. 62-63). Y los hay que coinciden con otras características de esa voz narrativa.

la primera parte. Nos cuenta (p. 49) que don Quijote «fuese llegando a la venta que a él le parecía castillo»; luego, que «vio a las dos destraídas mozas que allí estaban, que a él le parecieron dos hermosas doncellas o dos graciosas damas». Muy poco después leemos que «llegó *a la venta y a las damas*»; no «la venta y las mozas», no «el castillo y las damas», sino una chistosa mezcla de ambas. Y en seguida irá alternando el narrador, durante varias páginas, a «las mozas» (pp. 50, 53), «las traídas y llevadas» (p. 52) y «las rameras» (p. 54) con las «doncellas» (pp. 50, 52) y las «señoras» (p. 54).

Ya en el «castillo» de Juan Palomeque, dice el narrador, entró «el barbero a quien don Quijote quitó el yelmo de Mambrino» (I, XLIV, 518), cuando, según su propia óptica, tenía que haber dicho «a quien don Quijote quitó la bacía».

A veces basta con una palabrita para cambiar la perspectiva. Cuando relata el narrador el truco que discurre Sancho —azotar a los árboles— a fin de librarse de los azotes que debía darse a sí mismo para desencantar a Dulcinea, dice: «Volvió Sancho a su tarea con tanto denuedo, que ya había quitado las cortezas a muchos árboles: tal era la riguridad con que *se* azotaba […]» (II, LXXI, 1202). *Se* azotaba, en vez de *los* azotaba, porque eso es lo que Sancho quiere que crea don Quijote, el cual, en efecto, cae redondo en el engaño.

Cervantes manejó con maestría los cambios de una perspectiva a otra mediante simples cambios de pronombres. A propósito de la bacía del barbero, que don Quijote cree ser el yelmo de Mambrino, inventa Cervantes un graciosísimo juego del narrador: don Quijote «mandó a Sancho que alzase *el yelmo,* el cual, tomándo*la* en las manos [...]. Y dándose*la* a su amo, se *la* puso luego en la cabeza» (I, XXI, 225). Claro, como es Sancho el que toma lo que para él es bacía y se la da a su amo, la voz narradora emplea el femenino, en vez del masculino correspondiente a la perspectiva de don Quijote. (Dicho sea de paso, me maravilla que los impresores hayan respetado estas aparentes incongruencias del texto cervantino.)

Un juego notabilísimo entre los géneros gramaticales se da en el capítulo LXIII de la segunda parte, en el episodio de Ana Félix:

Miróle el virrey, y viéndole tan hermoso y tan gallardo y tan humilde [...] le preguntó:

—Dime, arráez, ¿eres turco de nación o moro o renegado?

A lo cual el mozo respondió, en lengua asimesmo castellana:

—Ni soy turco de nación, ni moro, ni renegado.

—Pues ¿qué eres? —replicó el virrey.

—*Mujer cristiana* —respondió *el mancebo*.
—[…]
–Suspended —dijo *el mozo*—, ¡oh señores!, la ejecución de mi muerte [pp. 1151-1152].

Quienes presencian esta escena no acaban de creer que el hermoso joven es, en realidad, una mujer, y, mimetizándose, el narrador sigue diciendo: «el mancebo», «el mozo».

El narrador independiente

Frente a la parcial y juguetona identificación del narrador con lo que ven, hacen, piensan o imaginan los personajes, la obra nos presenta también a un narrador independiente, que tiene sus propias ideas sobre ellos y sobre sus actuaciones. Abundan, como sabemos, los calificativos y comentarios valorativos que van modulando el relato, aun cuando éste parecería más neutro e imparcial: «el pobre caballero», «pensando en esos disparates», «su loca imaginación», «aquellas sandeces», «el pobre escudero», «el mísero manteado», etc., etc. Son a veces reflejo de lo que piensan los personajes, pero otras muchas los dice el narrador por su cuenta y riesgo. He aquí unos ejemplos:

La frescura del lugar «convidaba a quererla gozar, no a las personas tan encantadas como don Quijote, sino a los tan advertidos y discretos como su escudero» (I, XLIX, 560-561). El narrador se complace en juntar calificativos positivos y negativos y aseveraciones neutras con otras irónicas. De los que van a mantear a Sancho dice (I, XVII, 184): «gente alegre, bienintencionada, maleante y juguetona». Después de la terrible descripción de Maritornes en I, XVI, 168, habla —en serio— de «la compasiva de Maritornes» (I, XVII, 185). Misma valoración, frecuentemente negativa, en los abundantes comentarios al margen.

Otros rasgos del narrador

Hay momentos en los que el narrador está en un tris de convertirse en personaje. Él pone y cambia apodos —a Cardenio, por ejemplo (I, XXIV), al Caballero de los Espejos (II, XII), a la «condesa Trifaldi» (II, XXXVIII)—; anticipa sucesos; se deleita en jugar con el tiempo. También crea suspenso, como en el graciosísimo pasaje en que don Quijote, habiendo vencido al Caballero de los Espejos, se inclinó sobre él «y vio… ¿Quién podrá decir lo que vio, sin causar admiración, maravilla y espanto a los que lo oyeren? Vio, dice la historia, el rostro mesmo, la misma figura, el mesmo aspecto, la misma fisonomía, la mesma efigie, la perspectiva mesma del bachiller Sansón Carrasco» (II, XIV, 744).[4]

Oímos la voz del narrador cuando devuelve a las palabras y expresiones su sentido literal: «don Quijote se acomodó al pie de un olmo y Sancho al de una haya, que estos tales árboles y otros sus semejantes *siempre tienen pies, y no manos*» (II, XXVIII, 867); «En estas pláticas se entretuvieron el caballero *andante* y el *malandante* escudero» (I, XLIX, 560); los duques «tuvieron a gran ventura acoger en su castillo tal caballero *andante* y tal escudero *andado*» (II, XXX, 879); «Por sus pasos *contados y por contar*» (II, XXIX, 867); «el uno durmiendo *a sueño suelto* y el otro velando *a pensamientos desatados*» (II, LXX, 1193). También le gusta al narrador jugar con la polisemia: «No *se curó* el arriero destas razones (y fuera mejor que *se curara,* porque fuera curarse en salud)» (I, III, 58).

Otro ejemplo de estos juegos, que muestra a ese narrador despiadado del que hemos hablado en el ensayo

---

[4] Es una lástima que las ediciones modernas —entre ellas, la por lo demás excelente edición conmemorativa de las Academias de la Lengua— pongan sólo la forma *mismo* en toda la obra. En el pasaje citado y en algunos otros (cito uno más adelante) se pierde así la graciosa alternancia *mismo / mesmo*. La forma con *e* predomina con mucho en las ediciones más antiguas; y otro tanto ocurre con el *agora*, que las ediciones modernas convierten siempre en *ahora*, y con formas como *escrebir, recebir*, etc., siempre modernizadas. En aquella época convivían amigablemente ambas formas.

anterior: después del maltrato final en la ínsula, Sancho «vistióse, en fin, y *poco a poco,* porque estaba molido y no podía ir *mucho a mucho*» (II, LIII, 1064). Aun en un momento tan desastroso, el narrador puede adoptar un tono burlón.

El «yo» del narrador

Frecuentes e interesantes son el *digo* y el *digo, pues, que,* porque nos ponen súbitamente en presencia del narrador. Suelen aparecer cuando él desea aclarar algo. Y hay un caso particularmente divertido: don Quijote va «dándose priesa para llegar a una venta que al parecer una legua de allí se descubría. *Digo que* era venta *porque* don Quijote la llamó así, fuera del uso que tenía de llamar a todas las ventas castillos» (II, LIX, 1108-1109).[5] Por cierto que aquí el narrador hace explícita aquella adopción del punto de vista de don Quijote que hemos observado, burlándose de su propia estrategia.

Pero es aún más notable la aparición del *digo* después del largo y sorprendente discurso en que el narrador critica al eclesiástico de los duques y sus seme-

---

[5] Antes de esto (II, XLIV, 984) hemos leído un pasaje análogo: «Afligióse en estremo el buen señor, y diera él por tener allí un adarme de seda verde una onza de plata (*digo seda verde porque* las medias eran verdes)».

jantes: «con ellos [entró] un grave eclesiástico destos que gobiernan las casas de los príncipes: destos que, como no nacen príncipes, no aciertan a enseñar cómo lo han de ser los que lo son; destos que [...]», y finalmente: «Destos tales *digo que* debía de ser el grave religioso» (II, XXXI, 884).

Al narrador le gusta expresar sus opiniones con una exclamación seguida de un *digo, pues, que*. Después de que don Quijote interrumpe a Cardenio y éste vuelve a enloquecer, exclama el narrador: «¡Estraño caso, que así volvió por ella [por Madasima] como si verdaderamente fuera su verdadera y natural señora, tal le tenían sus descomulgados libros!», y en seguida: «Digo, pues, que [...]», y continúa la narración (I, XXIV, 269). Misma preferencia por las exclamaciones, en Cide Hamete.[6] Benengeli suele usar directamente el *yo*; el narrador, en cambio, opta casi siempre por los verbos en primera persona *(digo, quiero decir, lo que ahora diré, tengo para mí que)*.[7] En todo caso, son ma-

---

[6] Paz Gago señala este rasgo como característico de Cide Hamete (*Semiótica*, p. 93), y sí que lo es; pero también el narrador, en ciertos momentos, prorrumpe en exclamaciones. Quizá se trate en algunos casos de una identificación suya con el estilo del ficticio autor moro, análoga al mimetismo del lenguaje de don Quijote, que vimos arriba.

[7] Una excepción, al principio de la obra (en I, II, 48): discuten los autores sobre cuál fue la primera aventura, «pero lo que *yo* he podido averiguar en este caso, y lo que he hallado escrito en los anales de la Mancha». Sobre el uso de la primera persona por el

neras de llamar la atención del lector sobre su presencia en el texto.[8] El ejemplo más extremo y el juego más portentoso es, por supuesto, el que se produce en el capítulo IX de la primera parte, donde el narrador, transformándose por un momento en personaje y fingiéndose descubridor del manuscrito de Cide Hamete, habla todo el tiempo en primera persona del singular. Es, dice Paz Gago, «como si el narrador se hubiese introducido en la historia, pasando del régimen extra-heterodiegético al régimen intra-homodiegético» (*Semiótica*, p. 101).

Más juegos del narrador

No es extraño que algunos de los momentos más lúdicos de la obra aparezcan en los pasajes de la segunda parte en los que el narrador alude y cita a Cide Hamete Benengeli y a su traductor. Al comienzo del capítulo V leemos: «Llegando a escribir el traductor desta historia este quinto capítulo, dice que le tiene por apócrifo, porque en él habla Sancho Panza con otro estilo del que se podía prometer de su corto ingenio […], pero

narrador habla extensamente Paz Gago, art. cit., p. 46, y *Semiótica*, pp. 100 y ss.

[8] Véase lo que dice Paz Gago, *Semiótica*, pp. 102-107, sobre ciertas manifestaciones de la presencia del narrador.

que no quiso dejar de traducirlo» (II, v, 663). Al comienzo del capítulo sobre la cueva de Montesinos

> dice el que tradujo esta grande historia [...] que [...] en el margen dél estaban escritas de mano del mesmo Hamete estas mismas razones:
> «No me puedo dar a entender ni me puedo persuadir que al valeroso don Quijote le pasase [...]; y si esta aventura parece apócrifa, yo no tengo la culpa [...]. Tú, letor [...], juzga lo que te pareciere» [II, XXIV, 829].

Este dirigirse al lector es, por cierto, otro rasgo notable que comparten Cide Hamete y el narrador.[9]

Pero el juego más sensacional se da al comienzo del capítulo XLIV: «Dicen que [¿quién dice?] en el propio original desta historia se lee que llegando Cide Hamete a escribir este capítulo no le tradujo su intérprete como él le había escrito, que fue un modo de queja que tuvo el moro de sí mismo» (p. 979), y cuenta la queja del moro. El obtuso comentario de Clemencín a este pasaje hace aún más cómico el deliberado y deleitoso galimatías del narrador: «Todo esto del principio del capítulo es una algarabía que no se entiende. Porque ¿cómo podía leerse en el propio original [...] que no lo

---

[9] Sobre este importantísimo aspecto, véase también Paz Gago, art. cit., y *Semiótica*, pp. 104, 105, 119-120, *passim*.

había traducido fielmente su intérprete? Ni ¿qué tiene que ver esto con la queja?» (p. 979n).

Esas osadías de la voz narrativa se dan sobre todo en la segunda parte del *Quijote*. Pero casi todos sus juegos, sus bromas, sus transformaciones, sus apariciones en primera persona se dan por igual en las dos partes. Este narrador, único y múltiple del *Quijote*, omnisciente y no (o casi no) omnisciente, identificado y no identificado con sus personajes, cercano a ellos y a la vez distante; este narrador que finge ser objetivo, pero que continuamente se proyecta y se entromete en su relato;[10] este narrador, grave y también juguetón y graciosísimo, es sin duda una de las grandes creaciones cervantinas.

---

[10] No estoy de acuerdo con la idea expuesta por mi amigo Avalle-Arce de que el narrador del *Quijote* es «infidente», *unreliable* (cf. *Las novelas y sus narradores*, 2006). A mi ver, lo es sólo en muy contadas ocasiones, como cuando, al final de la obra (II, LXXIV, 1218-1219), afirma: «porque verdaderamente, como alguna vez se ha dicho [no se ha dicho], en tanto que don Quijote fue Alonso Quijano el Bueno a secas [y no lo "fue" sino desde un ratito antes], y en tanto que fue don Quijote de la Mancha, fue siempre de apacible condición y de agradable trato», cosa que tampoco corresponde a los hechos. Véase aquí «Alonso Quijano no era su nombre».

*El prólogo de 1605 y sus malabarismos**

EL *QUIJOTE* no comienza propiamente con la frase «En un lugar de la Mancha», sino con las palabras «Desocupado lector», que preceden al prólogo. Se trata de un texto inquietante, que, bien leído, revela ya la enorme complejidad del arte desplegado por Cervantes en el *Quijote*.

Sin duda, ese «Desocupado lector» es una nueva versión del *Otiosus lector* de los clásicos. Pero ¿debemos contentarnos con esa explicación? ¿Sabemos lo que quiso decir Cervantes con esas palabritas? Conociéndolo, podemos asegurar que quiso decir varias cosas a la vez. Una de ellas pudo haber sido, más o menos, la siguiente: ya que tienes tiempo para leer mi libro, podrás adentrarte gozosamente en su lectura, leerlo con el mismo placer con el que yo lo fui escri-

---

* Publicado por primera vez en *Cuatro ensayos sobre el Quijote*.

biendo. Además, espero que te fijes en los mil intríngulis de su escritura.

Cervantes, estoy segura, tenía en mente a un lector capaz de acompañarlo por los laberintos que iba trazando, de meterse en los escondrijos de su texto y tratar de desentrañar sus secretos. Sin perder tiempo, Cervantes pone a prueba la sagacidad de su lector desde el comienzo mismo del libro, en ese prólogo que no puede sino dejarlo estupefacto: tantas y tales son sus vueltas y revueltas, sus enredos y sus contradicciones.

En principio, todo parecería muy sencillo y muy claro, pero un lector suspicaz no tarda en caer en el desconcierto. Las cosas son y no son al mismo tiempo; son esto, pero también lo contrario.

Para comenzar, ese prólogo ¿existe o no existe? Se diría que sí, puesto que lo estamos leyendo. Y por si hiciera falta, ya bien metidos en su lectura, encontramos que el texto nos dice: «Porque te sé decir que, aunque me costó algún trabajo componerla [la historia], ninguno tuve por mayor que hacer *esta prefación que vas leyendo*» (p. 10). No hay duda, pues: el prólogo existe. Sin embargo...

En seguida, bruscamente, nos topamos con esto: «Muchas veces tomé la pluma para escribille, y muchas la dejé, por no saber lo que escribiría». O sea, que el prólogo o no está terminado o, quizá, aún no está escrito siquiera. Cuando entra el «amigo» y, viendo tan pensativo al escritor, le pregunta el motivo, leemos lo siguiente: «le dije que pensaba en el prólogo *que había de hacer* a la historia de don Quijote, y que me tenía de suerte que ni quería hacerle […]», etc. (p. 11). Ese «había de hacer» implica que no lo ha hecho (*había* es un tiempo «irreal»), como lo confirma en seguida. Nosotros, entonces, estamos leyendo un prólogo inexistente. Seguimos leyendo y, tras muchos rodeos, nos encontramos con que el amigo, con sus profusas y abrumadoras palabras, que para nada mencionan el prólogo, le proporciona, sin embargo, al autor el texto que no quería escribir: «de ellas mismas quise hacer este prólogo» (p. 18). Así, por fortuna, tenemos ya la dichosa prefación, aunque, si bien lo miramos, en buena lógica, todo lo que precede a las palabras del amigo sigue sin existir.

Las complicaciones van mucho más allá. No sólo vemos tambalearse al prólogo, sino que la obra entera pasa ahí por avatares parecidos. Numerosas alusiones afirman su existencia: «quisiera que este libro […] fuera el más hermoso, el más gallardo y más discreto que pudiera imaginarse»; «puedes decir de la historia todo aquello que te pareciere» (pp. 9, 10), etc. La obra existe, pues. Sin embargo, en un despliegue de *captatio benevolentiae,* el autor confiesa al amigo que su «leyenda» es «seca como un esparto, ajena de invención, menguada de estilo, pobre de concetos y falta de toda erudición y doctrina» (p. 11) y que carece de muchas cosas, de esas que los escritores añaden a sus libros: sonetos laudatorios al principio, acotaciones en los márgenes, anotaciones al final, todo ello, con abundante erudición. En vista de lo cual, según le dice al amigo, el autor preferiría no «sacar a luz las hazañas de tan noble caballero» (p. 11).

Tenemos en las manos el libro, su autor nos lo ha encarecido, y ahora resulta que está pensando en no publicarlo. Pero hay más: «yo determino que el señor don Quijote se quede sepultado en sus archivos en la Mancha» (p. 12). Un arranque de enojo consigo mismo lleva al autor a querer deshacerse de la «historia» que ha escrito, a darla por no existente. Que don Quijote se quede allá, enterrado entre los infinitos datos de los manuscritos.

El amigo, después de darse una palmada en la frente y soltar la carcajada, se larga con una interminable ristra de consejos para resolver el problema, que, dice, no es tal. Sus palabras, aparentemente tranquilizadoras, crean en nosotros nuevos desconciertos. A ratos sugieren que el libro está por escribirse, o bien que no está terminado. Le propone al escritor temas para tratar en su obra, temas como «libertad y cautiverio», «el poder de la muerte», «la amistad y amor […] al enemigo», etc. Y luego, con la fórmula *si trataredes de…*, sugiere otra multitud de temas que se podrían desarrollar en ese futuro libro (pp. 13-18).

¿Futuro? Resulta que el amigo da muestras de haber leído ya el libro, o sea, que éste ya existe. Dice cosas como «la simple y sencilla historia vuestra» (p. 17), menciona a don Quijote como «luz y espejo de toda la caballería andante» (p. 13), palabras que no ha dicho el autor y que muestran el conocimiento directo que el amigo tiene de la obra. Además, alega que, en realidad, «vuestro libro no tiene necesidad de ninguna cosa de aquellas que vos decís que le falta, porque *todo él* es una invectiva contra los libros de caballerías» (p. 17). El libro, entonces, ya está escrito, de principio a fin —«todo él»—, y no hay por qué dar al autor consejo alguno.

Pero esto no obsta para que luego el amigo se lance a dar consejos sobre cómo debería estar escrito ese libro, diciendo cosas como: «procurar que a la llana, con palabras significantes […], salga vuestra oración y período sonoro y festivo […]. Procurad también que, leyendo vuestra historia, el melancólico se mueva a risa, el risueño la acreciente» (p. 18), etc. En resumen: el libro aún no está escrito–sí está escrito–no está escrito.

Ese amigo, además de contradecirse, es un pedante y un impertinente. Y es, claro está, un personaje ficticio, inventado por Cervantes para poder exponer su credo estético y para burlarse de libros contemporáneos, como los de Lope de Vega, con sus innumerables sonetos laudatorios y sus ambiciosas —y a veces falsas— erudiciones, y para poner en alto su propia creación.

Si el prólogo y la obra misma están en entredicho, ¿qué decir de la identidad de su autor? ¿A quién pertenece la voz que habla en el prólogo? ¿Es Cervantes? El lector, al abrir el libro, sabía que el «yo» que aparece allí desde el principio —«Sin juramento me podrás creer que quisiera…»— es el del señor cuyo nombre figura en la portada, Miguel de Cervantes Saavedra. Y en el transcurso del prólogo el lector cree, aquí y allá, oír claramente la voz de Miguel de Cervantes Saavedra. ¿No es él el que dice «se engendró en una cárcel» (p. 9) o «porque naturalmente soy poltrón y perezoso de andarme buscando autores que digan lo que yo me sé decir sin ellos» (p. 13)?

Sin embargo, ese Cervantes se ha encargado de que la voz que habla en el prólogo sea la suya y, a la vez, no lo sea. Al mencionar varias veces a don Quijote, como si fuera un ser real, está ya con un pie metido en la por él inventada historia del caballero manchego y «ficcionalizándose» a sí mismo.

Es interesante ver cómo ocurre esto. La primera mención del protagonista es todavía anónima: «la historia de un hijo», frase sobre la que volveremos en seguida. Después aparecen, esparcidas, tres menciones de «don Quijote», la última con el añadido de «los archivos de la Mancha». Y tras la ya mencionada alusión del amigo (con su «luz y espejo de la caballería andante»), por fin, encontramos todo este párrafo:

> la historia del famoso don Quijote de la Mancha, de quien hay opinión, por todos los habitadores del distrito del campo de Montiel, que fue el más casto enamorado y el más valiente caballero que de muchos años a esta parte se vio en aquellos contornos [p. 18].

Aquí el lector confirma su impresión de que se trata de un personaje de carne y hueso, que gozó de gran fama. Esas palabras ya no son del escritor Cervantes como tal: anticipan la voz del narrador que entrará en funciones a partir de la frase «En un lugar de la Mancha».

Pero, además, Cervantes ha introducido en su prólogo a un personaje ficticio, con el cual finge dialogar. Así, por vía doble, ése que creíamos ser «Cervantes» se nos convierte en un ente de ficción.

Pero aquí entra otra vez el arte cervantino de tejer y destejer un texto. Si el prólogo es, luego ya no es y finalmente sí es; si la obra existe y está publicada, luego corre el peligro de desaparecer y en seguida desaparece en el discurso del amigo, para resucitar y volver a desaparecer, así la voz que habla en el prólogo es la de Miguel de Cervantes, pero, sin mayores trámites, pasa al plano de la ficción. ¿Qué ocurre con ella después? Se diría que en el párrafo final Cervantes se nos presenta con esa doble y ambigua personalidad. Por un lado creemos oír su voz cuando, dirigiéndonos la palabra, nos entrega a sus dos maravillosos protagonistas, diciendo estas palabras:

> Yo no quiero encarecerte el servicio que te hago en darte a conocer tan noble y tan honrado caballero; pero quiero que me agradezcas el conocimiento que tendrás del famoso Sancho Panza, su escudero, en quien, a mi parecer, te doy cifradas todas las gracias escuderiles que en la caterva de los libros vanos de caballerías están esparcidas. Y con esto, Dios te dé salud, y a mí no olvide. *Vale* [pp. 18-19].

Curiosas palabras. Por un lado, el escritor se despide del desocupado lector afirmando su fuerza creadora —yo, Cervantes, te doy—; por otro, finge que sólo «da a conocer» a dos personajes que existieron en realidad. Con todo, y pese a esa ambigüedad, parece imponerse, por su posición dentro del párrafo, el yo creador: en Sancho Panza «*te doy* cifradas todas las gracias escuderiles».[1] Del mismo modo, en el prólogo a la segunda parte, dirá: «*te doy* a don Quijote dilatado, y finalmente muerto» (p. 621).

Y si Cervantes somete su propia identidad a esos malabarismos, no debe extrañarnos que haga lo mismo, aunque de otra manera, con la creación del protagonista. Como hemos visto, en bastantes pasajes alude a don Quijote como personaje que ha existido en la realidad. Ahora lo veremos hablar de él como creación suya, tan creación suya como el libro mismo. No es una casualidad que el título con que Cervantes denominaba su libro —*Don Quijote de la Mancha*— sea idéntico al de su protagonista. Personaje y libro confluyen en una misma metáfora: la de la procreación. Ya en la primera frase nos habla la voz cervantina de «este libro, *como hijo* del entendimiento» (p. 9). En seguida: «¿qué podía *engendrar* el estéril y mal cultivado ingenio mío, sino la *historia de un hijo* seco, avellanado» (p. 9). Extraña frase. Esperaríamos: «la historia de un hombre, de un personaje» o algo semejante. Pero

---

[1] Hilando más delgado, casi podríamos decir que, en ese último párrafo, Cervantes insinúa que don Quijote sí existió —«darte a conocer tan noble y tan honrado caballero»—, mientras que Sancho Panza fue creación suya. De lo que no cabe duda es de que el párrafo final privilegia a Sancho sobre don Quijote, al revés de lo que ocurre en el resto del prólogo y de lo que ha ocurrido siempre en los estudios cervantinos.

Cervantes se ha propuesto jugar con una doble paternidad. Aplica el verbo *engendrar* simultáneamente al libro (la *historia*) y a su protagonista; ambos son sus hijos: «*engendrar* la historia de *un hijo*». Poco después dirá que esa historia de un hijo seco, avellanado, etc., «*se engendró* en una cárcel» (p. 9). Nuevamente, lo engendrado en la cárcel son tanto la invención del personaje como la del libro. Ambos son vistos por su autor a una luz poco favorable, que casi los desautoriza. Lo confirma la anécdota del «padre [de] un hijo feo y sin gracia alguna», padre que, por el amor que le tiene a su hijo, no ve «sus faltas, antes las juzga por discreciones y lindezas y las cuenta a sus amigos por agudezas y donaires» (pp. 9-10). Ese hijo feo ¿es don Quijote o es su historia? Sin duda son las dos cosas al mismo tiempo.

En seguida leemos una frase que ha dado lugar a muchos debates: «yo, que, aunque parezco padre, soy padrastro de don Quijote» (p. 10). Dice Francisco Rico en su nota en la edición crítica que esas palabras se refieren al hecho de que, como finge Cervantes, la historia de don Quijote ya ha sido narrada por otros autores. En mi opinión, Cervantes lo dice *también* porque, a través de su narrador, suele no tratar nada bien a ese hijo suyo. Las dos lecturas no se contraponen, sino que se complementan.

Pero no paran aquí las ambigüedades: el autor se dirigirá al «lector carísimo» para advertirle que no va a suplicarle que perdone o disimule «las faltas que en este mi hijo vieres, que ni eres su pariente ni su amigo»; de modo que «puedes decir de la historia todo aquello que te pareciere» (p. 10). Aquí la balanza se inclina primero hacia el hijo-personaje —«ni eres su pariente ni su amigo»— y luego hacia el hijo-libro: «la historia».

Es impresionante ver a cada paso hasta qué punto ese prólogo está trabajado y hasta qué punto logró Cervantes, una vez escrita la primera parte, imprimir a su prólogo la genialidad de la obra entera. Aunque engendrado en una cárcel, «donde toda incomodidad tiene su asiento y donde todo triste ruido hace su habitación», se diría que el *Quijote* fue escrito con la quietud de espíritu necesaria para que las musas «ofrezcan partos al mundo que le colmen de maravilla y de contento» (p. 9). Es un contento que se multiplica en el lector cuando logra acompañar a Cervantes por los laberintos que va trazando y penetrar en los recovecos de su escritura. Vale.

Cosas que calla Cervantes
(QUIJOTE, I, XLVI-LII)

̃

CONVIVEN en el arte de Cervantes dos facetas opuestas: por un lado, el gusto por las descripciones muy detalladas; por otro, una tendencia a callar ciertas cosas. Como se dice de Cide Hamete, al comienzo del capítulo XL de la segunda parte del *Quijote*, a Cervantes le gusta no «dejar cosa, por menuda que fuese, que no la sacase a luz distintamente»; igual que Benengeli, Cervantes, a través de su narrador, «pinta los pensamientos, descubre las imaginaciones» y «los átomos del más curioso deseo manifiesta» (pp. 949-950). Esto salta a la vista en todo momento. En cambio, los silencios suelen pasar inadvertidos por los lectores, que, atrapados por la fascinante narración, siguen adelante, sin volver la cabeza.

En ocasiones, una lectura cuidadosa revela leves indicios de algo que el autor, a la vez, se empeñó en ocultar. Un buen ejemplo es el nombre original de don

Quijote: tres señales aisladas muestran que su creador le puso en su imaginación el apellido de *Quijana*,[1] pero lo escondió cuidadosamente. Las más veces, sin embargo, no hay ni siquiera esos indicios, y de ello tenemos un ejemplo precioso justamente en relación con ese nombre y con ese ocultamiento. Porque no sólo Pedro Alonso, «labrador de su mesmo lugar y vecino suyo» (I, v, 72), conocía a su «compatrioto» como «señor Quijana», sino también Sancho Panza, el cura y el barbero (aparte, claro, del ama y la sobrina). Pero ninguno de ellos menciona el nombre una sola vez a lo largo de la obra, y durante bastante tiempo ninguno de ellos lo llama tampoco por su nuevo nombre. Sólo oímos «don Quijote» en boca del propio personaje y, sobre todo, en voz del narrador, que lo ha hecho suyo a partir del segundo capítulo. Sancho Panza se dirige por primera vez a su amo con ese nombre al comienzo del capítulo x, tras la victoria sobre el vizcaíno.[2] En cuanto al cura, que antes había hablado de «mi buen amigo» (I, v, 75), apenas lo menciona como «don Qui-

---

[1] Véase aquí el ensayo «Alonso Quijano no era su nombre».
[2] «Sea vuestra merced servido, señor don Quijote mío, de darme el gobierno de la ínsula» (I, x, 112). Cervantes ha preparado cuidadosamente este momento, pues hace que el narrador, hablando de Sancho, use dos veces ese apelativo: «la batalla que su señor don Quijote había ganado» (I, viii, 101), y en un pasaje que está justo antes de que lo use Sancho.

jote» en el capítulo XXVI, en que él y el barbero reaparecen en el texto después de mucho.[3]

Hay ocultaciones aún más notables. Me referiré a tres de ellas, situadas en los últimos capítulos del *Quijote* de 1605. Veremos la enorme habilidad de Cervantes para omitir información que, por razones de estrategia artística, no quiere revelar y cómo logra que saltemos por encima de esos huecos sin siquiera percatarnos de su existencia. Porque eso los diferencia de los huecos que aparecen habitualmente en las novelas: el lector no salta por encima de ellos, sino que los va llenando con su imaginación.

En ocasiones, Cervantes nos proporciona información incompleta, ocultando un elemento que puede ser crucial. Tal es el caso de la jaula en que llevan a don Quijote a su aldea en el último capítulo de la primera parte.

1. LA «DESAPARICIÓN» DE LA JAULA

Pregúntese a cualquier buen lector del *Quijote*: ¿cómo regresa don Quijote a su casa al final de la primera

---

[3] «[...] y aquel es el caballo de nuestro don Quijote», le dice al barbero —como si siempre lo hubieran llamado así—, cuando descubren a Sancho montado en Rocinante (I, XXVI, 294). Es curioso que en los dos casos el nombre aparezca con una marca afectuosa: «señor don Quijote mío» y «nuestro don Quijote».

parte? Muy probablemente dirá que encerrado en una jaula —cruel y humillante espectáculo—, añadiendo quizá que sobre un carro de bueyes. Y sus buenas razones tiene para ello. Pero no hay tal; al menos, no ocurre así en el texto de Cervantes. Veamos.

El capítulo XLVI nos ha relatado cómo, para llevar a don Quijote a su aldea sin que se les escape, los de la venta, instigados por el cura, hacen «una como jaula, de palos enrejados, capaz que pudiese en ella caber holgadamente don Quijote» y, estando él dormido, «le ataron muy bien las manos y los pies, de modo que cuando él despertó con sobresalto no pudo menearse», y «trayendo allí la jaula, le encerraron dentro, y le clavaron los maderos tan fuertemente, que no se pudieran romper» (I, XLVI, 536-537). Rodeado de figuras disfrazadas, que él cree fantasmas, don Quijote se convence de que va encantado.

Unas palabras suyas nos muestran cómo va en su «cárcel», pues, citando a Petrarca, habla del «duro campo de batalla [el] lecho en que *me acuestan*» (I, XLVI, 538). Cuando en el capítulo siguiente se inicia la caminata, la voz del narrador nos dice que «don Quijote iba sentado en la jaula, las manos atadas, tendidos los pies y arrimado a las verjas» (I, XLVII, 543). El hecho de que aparezca primero acostado puede explicarse porque así tendrá que estar cuando al fin entren en el pueblo, y eso mismo permite entender por qué la jaula tiene que ser suficientemente «holgada»; todo está previsto, todo, trabajado por el artífice que fue Cervantes.

La jaula se menciona repetidas veces en los capítulos subsiguientes. Cuando, en el XLIX, don Quijote logra salir de ella —«debajo de su buena fe y palabra le desenjaularon, de que él se alegró infinito» (p. 561)— y está en compañía del resto de la comitiva, llega un momento en que el canónigo le dice que los libros de caballerías «le han traído a términos que sea forzoso encerrarle en una jaula y traerle sobre un carro de bueyes, como quien trae o lleva algún león o algún tigre de lugar en lugar» (p. 563). Por su parte, don Quijote, en una larguísima respuesta, dirá: «y aunque ha tan poco que me vi encerrado en una jaula como loco» (p. 571). Ésta es la última vez que se menciona la jaula en toda la primera parte del *Quijote*. ¿Qué ocurre después?

Tras el tremendo golpe que le ha asestado uno de los disciplinantes, don Quijote cae como muerto; ya vuelto en sí, lo oímos decir: «Ayúdame, Sancho amigo, a ponerme *sobre el carro encantado*». No menciona la aborrecida jaula. Luego leemos que «pusieron a don Quijote en el carro, como antes venía» (I, LII, 588), palabras que nos pueden llevar a pensar que nuevamente lo enjaularon; pero la palabra *jaula* no está en el texto. Lo que sigue es que «el boyero unció sus bueyes» y, más piadoso que quienes lo habían acostado en un duro lecho, «acomodó a don Quijote sobre un haz de heno» (I, LII, 589).

Viene inmediatamente después la entrada en la aldea: «entraron en la mitad del día, que acertó a ser domingo, y la gente estaba toda en la plaza, por mitad de la cual atravesó el carro de don Quijote».[4] «Acudieron todos a ver *lo que en el carro* venía y, cuando conocieron a su compatrioto, quedaron maravillados» (p. 589). Si hubiera querido, Cervantes habría escrito: «Acudieron todos a ver lo que en la jaula venía y, cuando conocieron a su compatrioto, quedaron maravillados». (Más abajo veremos qué otra cosa pudo dejarlos tan sorprendidos.) Un muchacho, entonces, «acudió corriendo a dar las nuevas a su ama y a su sobrina de que su tío y su señor venía flaco y amarillo y *tendido sobre un montón de heno y sobre un carro de bueyes*» (p. 589): todos los detalles, menos la jaula, que es lo que tiene que haber impresionado más a la gente.

Porque la jaula nunca ha desaparecido: en ningún momento se nos ha dicho, por ejemplo, que el cura ha ordenado quitarla, ni siquiera cuando don Quijote va

---

[4] Un lector atento no puede dejar de contrastar esta escena con la del primer regreso de don Quijote a su pueblo, en el capítulo V: el compasivo labrador Pedro Alonso, que lleva al pobre hidalgo como costal sobre su burro, espera a que anochezca antes de entrar, para que la gente no vea tan triste espectáculo...

malherido y no puede escaparse ya. Por lo tanto, la jaula está ahí, sobre el carro de bueyes y con don Quijote dentro. Ésa fue la intención de Cervantes. ¿Cómo lo sabemos? En el capítulo VII de la segunda parte oímos al ama de don Quijote decirle a Sansón Carrasco: «La vez primera nos le volvieron atravesado sobre un jumento, molido a palos. La segunda vino en un carro de bueyes, *metido y encerrado en una jaula*» (II, VII, 678). El ama no presenció personalmente el espectáculo, pero se ha enterado de todo por los vecinos y por el propio cura, que les contó al ama y la sobrina de don Quijote «*lo que había sido menester* para traelle a su casa» (I, LII, 590).

Cervantes se las ha ingeniado para hacer desaparecer la jaula *del texto* del capítulo final de la primera parte, acaso para ahorrarnos a los lectores la pena de ver a don Quijote humillado ante su gente. Con esmero artesanal, ha realizado uno de sus maravillosos malabarismos. Después de que don Quijote pide a Sancho que le ayude a ponerlo «sobre el carro encantado», y como si hubiera captado la omisión de la palabra *jaula,* el narrador, compasivo, evitará por su parte mencionarla de ahí en adelante.

Si el apellido *Quijana* aparece al principio de la obra (capítulos I y V) y apenas reaparece al final de ella (II, LXXIV), la famosa jaula de don Quijote, en cambio, está muy presente en los capítulos XLVI a L, y luego el texto nos la oculta mañosamente, para hacerla reaparecer sólo en la segunda parte.

2. ¿Qué traía puesto don Quijote en la jaula?

Esta vez la pregunta no puede tener respuesta: no hay absolutamente ningún indicio en el texto, ni la menor insinuación. Cervantes, tan amigo de describir las prendas que traen puestas los personajes, aquí se ha decidido por un total mutismo. Si una impertinente curiosidad nos lleva a tratar de escudriñar el asunto, ¿qué es lo que se encuentra? Que, como hemos visto, agarraron a don Quijote dormido, le ataron pies y manos y lo acostaron en una jaula. Y bien sabemos lo que traía puesto él en la venta cuando dormía. En el episodio de los cueros de vino don Quijote, sonámbulo, es visto por todos los de la venta (I, XXXV, 415-416) «en el más estraño traje del mundo»: «Estaba en camisa, la cual no era tan cumplida que por delante le acabase de cubrir los muslos y por detrás tenía seis dedos menos» (recordemos que en Sierra Morena don Quijote se ha fabricado un rosario con una tira arrancada de su camisa). Además, vieron que «las piernas eran muy largas y flacas, llenas de vello y nonada limpias». Dorotea, «que vio cuán corta y sotilmente estaba vestido, no quiso entrar» (p. 416). Don Quijote estaría con esa misma camisa tan precaria cuando fue enjaulado y, dado que no se nos indica lo contrario, así debe de haber permanecido.

En el capítulo XXXVII don Quijote decide salir de su inundado camaranchón en la venta y le dice a Sancho: «dame de vestir», y «diole de vestir Sancho» (I, XXXVII, 435). Antes, al final de su estancia en Sierra Morena, en el capítulo XXIX, ha contado el narrador que Sancho dice haber encontrado a su amo «desnudo en camisa», además de «flaco, amarillo y muerto de hambre» (I, XXIX, 334), y, más adelante, los que van al rescate de don Quijote lo hallan «ya vestido, aunque no armado» (p. 337).

Son dos antecedentes de lo que hubiera podido ocurrir, y no ocurre, después, cuando el pobre caballero va en la jaula. Cabría esperar, en efecto, que en cuanto le permiten a don Quijote salir de la jaula, pidiera su ropa —¿dónde ha quedado, por cierto?— a Sancho y que él se la diera. Pero nada. Tenemos que deducir, entonces, que don Quijote sigue todo el tiempo «desnudo en camisa», lo cual nos lleva a leer de otra manera los últimos capítulos de la primera parte. Y no podemos sino preguntarnos por qué no se menciona en ningún momento la semidesnudez del héroe. ¿Será acaso para evitar contaminar con un trazo grotesco lo que para don Quijote ha sido y es una gran desgracia?

Cuando el canónigo y su gente se topan con la comitiva y ven a don Quijote «enjaulado y aprisionado» (I, XLVII, 543), se tienen que haber sorprendido y «admirado» también de verlo con tan poca ropa encima. Quizá no fue sólo la presencia de cuadrilleros lo que hizo pensar al canónigo que el enjaulado «debía de ser algún facinoroso salteador o otro delincuente» (p. 543).

Después don Quijote sale de la jaula, comparte el almuerzo con los demás y escucha al cabrero, todo ello, al parecer, puesta sólo aquella camisa venida a menos y con aquellas largas piernas velludas y nonada limpias a la vista. El cabrero cuenta la historia de Leandra, que todos escuchan con gran placer, y don Quijote se ofrece a recuperar a su amada. Entonces, «miróle el cabrero y, como vio a don Quijote *de tan mal pelaje y catadura,* admiróse» (I, LII, 583).

No habíamos oído tales palabras, ni las volveremos a oír. En casi todos los encuentros de don Quijote quienes lo ven se quedan perplejos ante «su figura», «su estraña figura», «su talle» o, a lo sumo, el «mal talle» que ven las mozas de partido en el segundo capítulo. La expresión «de tan mal pelaje y catadura» se refiere seguramente al aspecto físico de don Quijote en general; pero la palabra *pelaje* tenía también, según el *Diccionario de autoridades,* una acepción más específica y no poco importante aquí: «disposición y calidad de alguna cosa, *especialmente del vestido*». Ésta sería, pues, la primera alusión velada a la semidesnudez del caballero.

Prosigue el narrador: el cabrero «admiróse y preguntó al barbero, que cerca de sí tenía»:

—Señor, ¿quién es *este hombre que tal talle tiene* y de tal manera habla?
 —¿Quién ha de ser —respondió el barbero— sino el famoso don Quijote de la Mancha, desfacedor de agravios, enderezador de tuertos, el amparo de las doncellas, el asombro de los gigantes y el vencedor de las batallas?
 —Eso me semeja —respondió el cabrero— a lo que se lee en los libros de caballeros andantes, que hacían todo eso que de este hombre vuestra merced dice, puesto que para mí tengo o que vuestra merced se burla o que este gentilhombre debe de tener vacíos los aposentos de la cabeza [I, LII, 583].

Don Quijote monta en cólera, toma un pan «y dio con él al cabrero en todo el rostro, con tanta furia, que le remachó las narices». El cabrero, que no sabe de burlas, responde, y comienza una pelea cuerpo a cuerpo, en que intervienen todos, y el barbero hace «de suerte que el cabrero cogió debajo de sí a don Quijote, sobre el cual llovió tanto número de mojicones, que del rostro del pobre caballero llovía tanta sangre como del suyo» (p. 584). Don Quijote ya no es el que era. Ahora es sólo un pobre loco mal vestido que pelea como villano con otro villano, a puñetazos, revolcándose con él en la tierra, todo ensangrentado.

Siempre me había sorprendido la reacción de todos los circunstantes (salvo Sancho); su gran «regocijo y fiesta». Se nos dice que «reventaban de risa el canónigo y el cura, saltaban los cuadrilleros de gozo, zuzaban los unos y los otros, como hacen a los perros cuando en pendencia están trabados» (p. 584). Como perros. Ahora creo entender por qué tanto regocijo: don Quijote estaría, además de todo, prácticamente desnudo.

Cuando interrumpe la pelea para enfrentarse a los disciplinantes, todo desnudo y ensangrentado, montado y apretando «los muslos a Rocinante, *porque espuelas no las tenía*» (p. 585), el espectáculo debe de haber sido igualmente jocoso. Así podría explicarse una frasecita, al parecer enigmática, que suelta el narrador cuando uno de los clérigos que van cantando la letanía, «viendo la *estraña catadura* de don Quijote, la flaqueza de Rocinante *y otras circunstancias de risa que notó y descubrió en don Quijote*» (p. 586). Ésta sería la segunda alusión velada a la semidesnudez de nuestro pobre caballero.

Y hay más: a las palabras que les dirige don Quijote, los disciplinantes responden con risas: «En estas razones cayeron todos los que las oyeron que don Quijote debía de ser *algún hombre loco,* y tomáronse a reír muy de gana» (p. 586). Nada semejante había ocurrido antes. Aun los que, al oírlo hablar, se daban cuenta de su locura, como los mercaderes toledanos y Vivaldo, no se reían de él. Y es que su apariencia misma y el hecho de que viniera armado y con su lanza y su adarga o rodela infundiría cierto respeto. En la venta habrá momentos en que la gente se ría de él y de sus locuras: «No menos causaban risa las necedades que decía el barbero que los disparates de don Quijote» (I, XLIV, 524); pero nadie se ríe en su cara. Ahora, casi al final de la primera parte, don Quijote aparece totalmente disminuido: desarmado, desvestido, sin espuelas, sin su lanza. Ya sólo trae una adarga y la espada que le ha pedido a Sancho para enfrentarse a los disciplinantes.

¿Qué se hicieron, por cierto, la armadura y las armas de don Quijote? Lo único que sabemos es que, ya enjaulado él, y a punto de que la comitiva saliera de la venta, «colgó Cardenio del arzón de la silla de Rocinante, del un cabo, la adarga y, del otro, la bacía» (I, XLVII, 541). Nada se nos dice —nuevo silencio— de la armadura ni de la lanza.[5] Por lo demás, todavía aquí le quedan las palabras, pero éstas, unidas a su lamentable presencia, sólo causan la hilaridad de sus adversarios, hilaridad que despierta la furia de don Quijote y provoca en un instante el desenlace. Las últimas palabras que, dirigidas a Sancho, le oímos decir a don Quijote son: «será gran prudencia dejar pasar el mal influjo de las estrellas que agora corre» (p. 588).

Don Quijote regresa, pues, a su aldea por segunda vez, ante la mirada atónita de la gente, flaco y amarillo, tirado sobre un haz de heno encima de un carro de bueyes, pero además, sin que se nos diga, dentro de una jaula y apenas cubierto por la «sutil» prenda de vestir que usaba para dormir.

---

[5] Cuando, en la segunda parte, don Quijote sale por tercera vez no se nos dice que vaya armado y con su lanza; únicamente sabemos que se empeña en conseguir una celada de encaje, y que Sansón Carrasco se la ofrece (II, VII, 685). Más adelante, como quien no quiere la cosa, don Quijote aparecerá nuevamente armado y con lanza. Ha desaparecido de la escena la famosa bacía, que, recordemos, Cardenio había colgado de un arzón de la silla de Rocinante al partir el carro de los bueyes.

3. ¿Son fantasmas
o son el cura y el barbero?

Los silencios estudiados no son ciertamente los únicos en la gran obra de Cervantes. Hay muchos más. Pero ciñéndonos a los últimos capítulos de la primera parte, vale la pena detenernos en otro más, igualmente interesante.

Para poder aceptar su prisión, don Quijote necesita pensar que está encantado y que los disfrazados que lo rodean son fantasmas. Así lo había previsto el cura, «trazador desta máquina» (I, XLVI, 536-537), y así ocurre.

Fantasmas son para él el cura y el barbero, quienes, cubiertos los rostros, van detrás del carro de los bueyes con la jaula. Sancho los ha identificado, pues ya en el momento mismo en que aprisionan a su amo fue el único de todos los presentes que estaba «en su mesmo juicio y en su mesma figura» y «no dejó de conocer quién eran todas aquellas contrahechas figuras» (p. 537). Cuando, ya en camino a la aldea, don Quijote le cuenta al canónigo que va encantado y el cura se apresura a confirmarlo, Sancho, exasperado, lanza frente a todos estas memorables palabras:

Ahora, señores, quiéranme bien o quiéranme mal por lo que dijere, el caso de ello es que así va encantado mi señor don Quijote como mi madre: él tiene su entero juicio, él come y bebe y hace sus necesidades como los demás hombres.

Y en seguida:

¡Ah, señor cura, señor cura! ¿Pensaba vuestra merced que no le conozco y pensaba que yo no calo y adivino adónde se encaminan estos nuevos encantamentos? Pues sepa que le conozco, por más que se encubra el rostro, y sepa que le entiendo, por más que disimule sus embustes [I, XLVII, 545].

El cura se queda callado. Sancho, que dice algo parecido al barbero, volverá a la carga cuando esté a solas con don Quijote. Mientras el canónigo y el cura, apartados del carro, sostienen una muy extensa conversación sobre los libros de caballerías y sobre las comedias al uso, Sancho se acerca a don Quijote y le espeta:

Señor, para descargo de mi conciencia le quiero decir lo que pasa cerca de su encantamento, y es que aquestos dos que vienen aquí cubiertos los rostros son el cura de nuestro lugar y el barbero, y imagino han dado esta traza de llevalle desta manera, de pura envidia que tienen como vuestra merced se les adelanta en hacer famosos hechos. Presupuesta, pues, esta verdad, síguese que no va encantado, sino embaído y tonto [I, XLVIII, 557].

Ante esta embestida, don Quijote se extiende en una larga explicación para probarle a Sancho que se equivoca. Entre otras cosas, le dice:

> si ellos se les parecen, como dices, debe de ser que los que me han encantado habrán tomado esa apariencia y semejanza […], para darte a ti ocasión de que pienses lo que piensas y ponerte en un laberinto de imaginaciones, que no aciertes a salir dél […] y también lo habrán hecho para que yo vacile en mi entendimiento, y no sepa atinar de dónde me viene este daño [p. 558].

Y añade: «yo me veo enjaulado y sé de mí que fuerzas humanas, como no fueran sobrenaturales, no fueran bastantes para enjaularme».

Sancho, desesperado, «dando una gran voz», exclama: «¿Y es posible que sea vuestra merced tan duro de celebro y tan falto de meollo, que no eche de ver que es pura verdad la que le digo?» Don Quijote se defiende con estas palabras definitivas:

> Yo sé y tengo para mí que voy encantado, y esto me basta para la seguridad de mi conciencia, que la formaría muy

grande si yo pensase que no estaba encantado y me dejase estar en esta jaula perezoso y cobarde, defraudando el socorro que podría dar a muchos menesterosos [I, XLIX, 560].

Notemos, de paso, que don Quijote no menciona aquí —ni en ningún otro lugar— a la princesa Micomicona y al compromiso que había contraído de matar al gigante y ponerla en su trono. Es como si en el fondo aceptara lo que Sancho le ha dicho: que la princesa es en realidad «una dama particular llamada Dorotea» (I, XXXVII, 435) y que la ha visto «hocicando con uno de de los que están en la rueda» (I, XLVI, 533), lo cual implica algo totalmente inaceptable para él: que todo ha sido un engaño. Y ahora Sancho lo ha vuelto a poner ante la misma alternativa: ¿verdad o engaño? Y es sumamente interesante ver cómo hace Cervantes que el propio don Quijote se plantee la alternativa, con ese «si yo pensase que no estaba encantado» y ese «la formaría muy grande» (formaría un gran cargo de conciencia).

Si Sancho ha dicho su verdad «para descargo de su conciencia», ahora don Quijote, tan necesitado de una tabla de salvación, se agarra de la «seguridad» de la suya. Viene a decir que forzosamente tiene que pensar que va encantado; de lo contrario... Porque algo se está moviendo dentro de él a raíz de la angustiada insistencia de Sancho, y en lo hondo ha surgido la duda: ¿y si realmente esos que creo fantasmas son el cura de mi lugar y el barbero? Las consecuencias serían terribles; lo sumergirían a él, que no a Sancho, en «un laberinto de imaginaciones» del que no acertaría a salir[6] y lo harían vacilar en su entendimiento y no saber de dónde le vino todo el daño. Ante esa espantosa perspectiva, no le queda otro remedio que aferrarse a su «Yo sé y tengo para mí que voy encantado, y esto me basta».

Pero nosotros tenemos que preguntarnos: ¿cuándo reconoce don Quijote al cura y al barbero? En algún momento tienen que haberse quitado ambos sus antifaces, a más tardar cuando, en el capítulo L, se sientan todos a comer sobre la verde hierba, a la vista de don Quijote. En esa ocasión, además, el cura dice unas palabras (p. 575), y después hablará el barbero con el cabrero (I, LII, p. 583). ¿Qué ocurre en el interior de don Quijote cuando reconoce y oye al cura y al barbero? El texto no nos dice nada al respecto ni ofrece el me-

[6] Hay una situación parecida en el capítulo XLIV de la segunda parte, cuando Sancho le dice a su señor que el rostro del mayordomo es el de la condesa Trifaldi; don Quijote le contesta que, en efecto, «pero no por eso el mayordomo es la Dolorida, que a serlo, implicaría contradición muy grande, *y no es tiempo ahora de hacer estas averiguaciones, que sería entrarnos en intricados laberintos*» (II, XLIV, 981). La gran diferencia entre las dos situaciones es que ahora don Quijote le dirá en seguida a Sancho: «darásme aviso de todo lo que en este caso descubrieres», señal evidente de que don Quijote ahora sí, por fin, vislumbra la posibilidad de que lo estén engañando.

nor indicio, pero para don Quijote la revelación tiene que haber sido terrible, humillante al extremo, y podemos conjeturar que el consiguiente enojo puede haber llevado a don Quijote a la degradante pelea con el cabrero y aun al desquiciado enfrentamiento con los disciplinantes.[7] En todo caso, el silencio que pesa sobre esta importante parte de la historia es quizá aún más inquietante que el que pesa sobre la desaparición de la jaula. Pero nuevamente viene en nuestro auxilio la continuación de la obra.

El primer capítulo de la segunda parte comienza así: «Cuenta Cide Hamete Benengeli [...] que el cura y el barbero se estuvieron casi un mes sin verle [a don Quijote], por no renovarle y traerle a la memoria las cosas pasadas» (añadamos: sobre todo, las de los últimos capítulos de la primera parte). Finalmente, lo van a ver y se traba entre ellos una larga conversación, que en cierto momento llega a un ríspido enfrentamiento entre don Quijote y el barbero. El cura entonces apoya al barbero, diciendo: «yo le abono y salgo por él». A lo cual, don Quijote: «Y a vuestra merced, ¿quién le fía,

---

[7] El reconocimiento del cura y el barbero hubiera podido traer consigo algo aún más terrible: la sospecha de que, como Sancho había afirmado tan enfáticamente, no hubo encantamiento alguno: pero esto no ocurrió, según nos muestran las palabras que don Quijote dice a los duques en el capítulo XXXII de la segunda parte (p. 899): «ya me he visto metido en una jaula, donde todo el mundo no fuera poderoso a encerrarme, si no fuera a fuerzas de encantamentos».

señor cura?» (p. 628). Más adelante el cura pide permiso para revelar «un escrúpulo» que le «roe y escarba la conciencia», y don Quijote le replica: «Para otras cosas más tiene licencia el señor cura» (p. 635). Dos frasecitas que, inesperadamente, vienen a descubrir todo lo que tiene que haber pasado por la mente de don Quijote cuando el cura y el barbero se quitaron los antifaces.

Desde el momento en que la narración de los hechos en la primera parte de la novela da un brusco giro y otros personajes (el cura y sus ayudantes) le fabrican a don Quijote una ficticia realidad a modo, con el supuesto intento de llevarlo a su aldea para tratar de curar su locura, o sea, desde el capítulo XXVI, deben de ocurrir en el interior de don Quijote muchas cosas de las que no nos enteramos nunca. Lo mismo en la segunda parte, cuando Sancho, para protegerse, encanta a Dulcinea desde II, X; los duques, para divertirse, inventan mil espectáculos a partir de II, XXX, y don Antonio Moreno engaña a don Quijote desde II, LXII. Sólo a veces podemos sospechar, a base de minúsculos indicios textuales, que en ciertos momentos surgen dudas en el fondo de su espíritu, siempre provocadas por las verdades que le revela Sancho Panza.

Ante la posibilidad, y aun probabilidad, de que los que he llamado silencios y ocultaciones sean considerados por algunos como meros descuidos de Cervantes, reitero mi convicción de que se trata en cada caso de una muy pensada estrategia artística. No dudo de que, en su paso por reiteradas revisiones y enmiendas del texto del *Quijote,* Cervantes incurriera en algunos descuidos; los epígrafes fuera de su lugar parecen confirmarlo, lo mismo que la omisión y luego desplazada inserción del robo del rucio. Y parece ser que Cervantes no siempre era un buen relector de su propio texto. Pero este gran creador fue sumamente cuidadoso y trabajó de manera admirable casi todos los episodios. Era también muy capaz de poner a prueba la sagacidad de sus lectores, poniéndoles trampas y haciéndoles jugarretas que los desconcertaran. Mejor, entonces, pensar, en casos de duda, que lo que parece un descuido fue en realidad una de las infinitas travesuras de Cervantes.

Alonso Quijano
no era su nombre

~

Entre los muchísimos que han escrito sobre el *Quijote*, pocos son los que no han llamado a su protagonista «Alonso Quijano». Se parte generalmente de la convicción de que ése era el nombre original y verdadero del personaje, antes de que perdiera el juicio. ¿Tiene esta idea algún sustento en el texto mismo del *Quijote*?

Conviene que recordemos cómo ocurren las cosas dentro de la obra. En el primer capítulo leemos: «Quieren decir que tenía el sobrenombre de "Quijada", o "Quesada", que en esto hay alguna diferencia en los autores que deste caso escriben, aunque por conjeturas verisímiles se deja entender que se llamaba "Quijana"» (pp. 36-37):[1] *Quijada*, *Quesada* o, mejor, *Quijana*. Un poco más adelante:

[1] En la edición crítica aquí utilizada se nos dice que la *princeps* trae *Quexana*, pero todas las demás ediciones antiguas, *Quixana*, y que esta coincidencia «nos asegura que los contemporáneos la veían como una errata obvia» (vol. II, p. 704).

Puesto nombre, y tan a su gusto, a su caballo, quiso ponérsele a sí mismo, y en este pensamiento duró otros ocho días, y al cabo se vino a llamar don «Quijote»; de donde, como queda dicho, tomaron ocasión los autores desta tan verdadera historia que sin duda se debía de llamar «Quijada», y no «Quesada», como otros quisieron decir [pp. 42-43].

«"Quijada" y no "Quesada"». ¿Dónde quedó el *Quijana*, que en el pasaje anterior el narrador juzga más probable? Se diría que el narrador se ha propuesto despistar al lector.

Don Quijote es el único nombre con el que, reiteradamente, se ha denominado al protagonista en el prólogo; es el que aparece en los epígrafes de abundantes capítulos, desde el primero, y el que, además de don Quijote mismo, utiliza todo el tiempo el narrador, a partir de la frase «se le representó a don Quijote lo que deseaba, que era que algún enano hacía señal de su venida», en el capítulo II (p. 49). Los personajes que entran en contacto con don Quijote tardan en llamarlo así; Sancho Panza es el primero, y apenas en el capítulo x comienza a dirigirse a él con las palabras «señor don Quijote».

Antes ha vuelto a aparecer el «verisímil» apellido *Quijana* en el capítulo v, y no en voz del narrador, sino en boca de un vecino; el labrador Pedro Alonso se encuentra al hidalgo tirado en el campo, maltrecho y delirante, y exclama: «¡Señor *Quijana*!» El narrador comenta entonces: «que así se debía de llamar cuando él tenía juicio y no había pasado de hidalgo sosegado a caballero andante» (p. 72). En efecto, ¿quién sino un vecino podía conocer a ciencia cierta el nombre «verdadero» del personaje? El labrador lo reitera: «yo no soy don Rodrigo de Narváez, ni el marqués de Mantua, sino Pedro Alonso, su vecino; ni vuestra merced es Valdovinos, ni Abindarráez, sino el honrado hidalgo del señor Quijana» (p. 73). Lo curioso e interesante del caso es que ni el cura ni el barbero, sus vecinos y grandes amigos, lo llamen jamás, a lo largo del libro, con ese nombre, ni en los momentos en que hubiera sido esperable que lo hicieran, ya que querían curarlo de su locura, y el nombre de *don Quijote* estaba estrechamente asociado a ella.

O sea: Cervantes se reservó para sí el apellido que, en su imaginación, le había puesto a su protagonista, pero lo sacó a la luz fugazmente, como un guiño al lector avezado. Ya veremos lo que ocurre al final de la obra.

Nada se nos dice sobre el nombre original del protagonista hasta el capítulo I, XLIX; pero ahí nos topamos con otro de los tres apellidos mencionados en el primer capítulo: *Quijada*. En un pasaje no irrelevante, don Quijote menciona a un personaje histórico, Gutierre *Quijada,* y añade: «de cuya alcurnia yo deciendo por línea recta de varón» (p. 566). El narrador no comenta nada al respecto, quizá otra vez para despistarnos. Vemos a Cervantes sonreírse secretamente con esta nueva travesura, y más aún cuando, años después, lea, en la segunda parte apócrifa, que Avellaneda le ha puesto precisamente ese apellido a su personaje. Por lo demás, del «Quijada» no queda ni la sombra en el resto del *Quijote* cervantino.

Nuevo silencio a lo largo del libro. En el ínterin, don Quijote de la Mancha, sin abandonar este nombre, adopta el de «Caballero de la Triste Figura» (I, XIX, 205-206) que le ha puesto Sancho Panza y que, en la segunda parte, cambiará por el de «Caballero de los Leones» (II, XVII, 768), para caer, mucho después, en el grotesco «pastor Quijótiz» (II, LXVII, 1175).

Llegamos al final de la obra, al fundamental capítulo LXXIV de la segunda parte. Ahí nos enteramos de cómo se llama la que en todo el libro sólo había aparecido como «la sobrina». En su testamento el hidalgo menciona dos veces a «Antonia *Quijana* mi sobrina» (p. 1220). Como quien no quiere la cosa, vuelve Cervantes al apellido por él imaginado y sólo mencionado antes en dos ocasiones. Nuevo guiño de ojos, pues, al lector avezado.

Pero justo en ese capítulo final de la obra ha aparecido por primera vez, y en boca de don Quijote, el nombre *Alonso Quijano, el Bueno*. Aparte del apellido, cercano, pero no idéntico, a *Quijana,* va adobado con un inesperado nombre de pila y con un apodo igualmente inesperado.

Don Quijote está a punto de morir. Duerme «de un tirón, como dicen, más de seis horas» (p. 1216) y al despertar se siente transformado. Llegan sus «buenos amigos», el cura, el bachiller y el barbero, y don Quijote les suelta esta noticia: «Dadme albricias, buenos señores, de que *ya* yo no soy don Quijote de la Mancha, sino *Alonso Quijano,* a quien mis costumbres me dieron renombre de "bueno"» (p. 1217). Y un poco después: «Yo fui loco y *ya soy* cuerdo; fui don Quijote de la Mancha y *soy agora,* como he dicho, Alonso Quijano el Bueno» (p. 1220). Son importantes ese *ya soy* y ese *soy agora*. En ningún momento ha querido Cervantes que su héroe, al morir, afirme, o sugiera, que Alonso Quijano fue su nombre antes de enloquecer, su nombre de «hidalgo sosegado». Una palabrita junto al *soy* —un «otra vez», un «nuevamente»— habría bastado; pero nada.

¿Y qué pasa con los que escuchan entonces a nuestro héroe moribundo? Observa el narrador que cuando los tres le oyeron decir «ya yo no soy don Quijote de la Mancha, sino Alonso Quijano», «creyeron sin duda que alguna nueva locura le había tomado» (pp. 1217-1218). Ya que el cura y el barbero tendrían bien presente el verdadero nombre original de su amigo, si éste hubiera sido *Alonso Quijano,* para nada habrían pensado que le había tomado una nueva locura, sino al contrario: que quizá por fin estaba sano, pues había vuelto a su antigua naturaleza.

Nuestro hidalgo pide entonces confesión, y por las palabras tan sensatas que pronuncia, dice el narrador, «miráronse unos a otros, admirados de las razones de don Quijote, y, *aunque en duda,* le quisieron creer». Sobre todo cuando luego él añadió otras muchas razones «tan bien dichas, tan cristianas y con tanto concierto, que del todo les vino a quitar la duda, y a creer que estaba cuerdo» (p. 1218).

Después de confesar a don Quijote, el cura sale diciendo: «Verdaderamente se muere y verdaderamente está cuerdo Alonso Quijano el Bueno» (p. 1218). Y luego pedirá al escribano que registre los dos nombres en el acta de defunción: «pidió al escribano le diese por testimonio como Alonso Quijano el Bueno, llamado comúnmente "don Quijote de la Mancha"» (p. 1221). La decisión del cura tiene, a mi ver, muy fácil explicación. Basta con recordar las muchas veces en que ese gran «tracista» le ha seguido la corriente a don Quijote, ya para hacerlo volver a casa, ya —y simultáneamente— para divertirse a su costa. Recordemos cómo en el capítulo XXVI de la primera parte se le ocurre «un pensamiento muy acomodado al gusto de don Quijote», que es, nada menos, disfrazarse de mujer, ponerse «en hábito de doncella andante» (p. 298). Recordemos cómo el cura, «gustando de oírle decir tan grandes disparates» (II, I, 637), pide a don Quijote que le describa a los Doce Pares de Francia, y cómo, en el penúltimo capítulo, ante la decisión de don Quijote de que todos se hagan pastores, «el cura le alabó infinito su honesta y honrada resolución y se ofreció de nuevo a hacerle compañía» (II, LXXIII, 1214). No nos sorprenda que, al morir su amigo, adopte de buena gana el nombre que éste dice tener *ahora*.

Porque hay otro hecho interesante: la del cura es la única voz que, fuera de la de don Quijote mismo, lo llama «Alonso Quijano el Bueno». No hay constancia en el texto de que alguien más lo llamara así. Y salvo en un pasaje, el narrador, impertérrito, retoma su costumbre de nombrarlo «don Quijote»: «Miráronse unos a otros, admirados de las razones de *don Quijote*» (p. 1218); «después de haber […] ordenado su alma *don Quijote* […]» (p. 1219); «En fin, llegó el último [fin] de *don Quijote*» (p. 1221); «Déjanse de poner aquí los llantos de Sancho, sobrina y ama de *don Quijote*» (p. 1222).

Lo que es más, acabada la historia de don Quijote y Sancho, nos cuenta el narrador que «el prudentísimo Cide Hamete dijo a su pluma» que advierta a los «presuntuosos y malandrines historiadores» que pretendan profanar la sepultura del personaje diciendo: «Para mí sola nació *don Quijote,* y yo para él»; que había que dejar «reposar en la sepultura los cansados y ya podridos huesos de *don Quijote*» (pp. 1222-1223). De don Quijote: no los huesos de ese Alonso Quijano el Bueno que consta en el acta de defunción. Finalmente, el propio Cide Hamete se jactará de que, gracias a él, «las fingidas y disparatadas historias de los libros de caballerías [...] por *las de mi verdadero don Quijote* van ya tropezando y han de caer del todo sin duda alguna» (p. 1223). Es la última frase de la obra.

En los párrafos finales creemos oír a Cervantes, hablando por boca de su *alter ego* y de su pluma; pero es el narrador creado por Cervantes el que ha hablado por todos, dando a entender, entre otras cosas, que los personajes allegados a don Quijote nunca se han creído lo de Alonso Quijano el Bueno y que el nuevo autobautizo de don Quijote ha sido un episodio fugaz y sin trascendencia. ¿Cabe decir lo mismo de la recuperación de la cordura, estrechamente asociada al cambio de nombre? Ésta es harina de otro costal, como veremos en el siguiente ensayo.

La voz del narrador es presencia importantísima en el *Quijote,* de principio a fin. Como se habrá visto en los dos ensayos dedicados a él, tenemos ante nosotros a un narrador complejísimo que, entre otras muchas cosas, a lo largo de las dos partes del libro no ha parado de imitar los modos de hablar y pensar de don Quijote y de otros personajes. Ahora nos sorprende imitando al cura en un extraño pasaje que comienza con el reiterado *verdaderamente* del sacerdote:

> porque verdaderamente, como alguna vez se ha dicho, en tanto que don Quijote fue Alonso Quijano el Bueno a secas, y en tanto que fue don Quijote de la Mancha, fue siempre de apacible condición y de agradable trato, y por esto no solo era bien querido de los de su casa, sino de todos cuantos le conocían [pp. 1218-1219].

El pasaje es otra travesura de Cervantes, porque constituye un tejido de inexactitudes: aquello nunca «se ha dicho», y «Alonso Quijano el Bueno» sólo existió en sus últimos días. En cuanto a la «apacible condición» y el «agradable trato» del personaje no es verdad: díganlo los mercaderes toledanos, los frailes benedictinos, etc., etc. Puede haber sido «bien querido de los de su casa», pero para nada lo fue «de cuantos le conocían».

Quizá esas mentirosas palabras del narrador han contribuido a la falsa idea de que el nombre casi póstumo de Alonso Quijano era el original. Los críticos hablan, en efecto, de «recuperación» del nombre. Hablan de «reconversión»; hablan de «la resurrección, si se quiere, de aquel personaje del primer capítulo de la primera parte, que aparece para enloquecer muy pronto». El excelente cervantista Martín de Riquer sostiene que para Cervantes «la única solución es restituir el juicio al demente, que al sanar *volverá a ser* Alonso Quijano el Bueno».[2] Y así sucesivamente.

Pero no ha faltado quien se refiera a este nombre como uno más de los que se adjudican en la novela al hidalgo. Habla Laín Entralgo de «un hidalgo manchego del que nunca sabremos si se llamaba Alonso Quijano, o Quijana, o Quijada, o Quesada».[3] Y tampoco ha faltado quien, como Francisco Rico, reconociendo esa multiplicidad de nombres, afirme que *Alonso Quijano* es la solución «definitivamente adoptada», la que «queda como definitiva».[4]

---

[2] En «Cervantes y el *Quijote*», p. LXVIII.
[3] Laín Entralgo, «La convivencia entre don Quijote y Sancho Panza», p. 27. El mexicano Felipe Garrido ha escrito algo muy parecido. Única objeción: sí sabemos una cosa: que no se llamaba Alonso Quijano.
[4] En la edición aquí utilizada, vol. II, pp. 263, 704. De aquí podría proceder lo que, con más cautela, afirma Howard Mancing en *The Cervantes Encyclopedia*, s. v. *Alonso Quijano* y *Name of Don Quijote de la Mancha*: la repetición del nombre de *Quijano* lo convierte «presumably» en la «definitive version of his name», nombre que «is generally [?] taken to be the definitive form of his name» (agradezco estas citas a mi amiga Gabriela Nava). Cabe preguntar: «definitivamente adoptada» ¿por Cervantes? ¿La que «queda como definitiva» en la novela? Pienso que ni lo uno ni lo otro.

Una interpretación a mi ver muy valiosa de esta cuestión, y que, por lo visto, no ha encontrado eco, es la que Juan Bautista Avalle-Arce ha propuesto, ya en 1970: «Conocemos al protagonista por una variedad de nombres, después que él se ha inventado el propio de don Quijote, y se lo ha conferido en acto de autobautismo». Cada uno de los nombres que se inventa después es, dice, «producto de una reorientación vital del protagonista», y esta reorientación «culmina en *un último acto de autobautismo cara ya a la muerte: Alonso Quijano el Bueno*».[5] La idea encontró un amplio desarrollo en el espléndido capítulo «Don Quijote» que Avalle-Arce y Edward C. Riley escribieron para la *Suma cervantina* (p. 48), editada por ambos. Cito sólo un pasaje importante:

> Con dos enérgicos ademanes, el artista se libera a sí mismo («*no quiero*»), y de inmediato a su protagonista (¿Quijada, Quesada, Quijana? ¿O Quijano?) [...] Libera, asimismo, al personaje literario, al imposibilitar el usual trazado de coordenadas deterministas con que se definían protagonistas y mundo en el *Amadís, Lazarillo* o *Guzmán*.

---

[5] «Don Quijote o la vida como obra de arte», en *Nuevos deslindes cervantinos*, p. 340. *Cf.* su *Enciclopedia cervantina, s. v. Quijano el Bueno, Alonso*: «Nombre que se da a sí mismo, en su lecho de muerte, don Quijote».

Con la misma libertad con la que el protagonista se ha autobautizado como *don Quijote* se bautiza al final como *Alonso Quijano el Bueno*. En su lecho de muerte continúa imitando precisamente a los antiguos caballeros andantes, a los que ahora dice detestar. Porque en esto, como en ponerse el apodo de «Caballero de los Leones», sigue ahora —son sus palabras—: «la antigua usanza de los andantes caballeros, *que se mudaban los nombres cuando querían o cuando les venía a cuento*» (II, XVII, 768). Cervantes ha querido que su personaje decida, como tantas otras cosas, con qué nombre desea morir.

Pero ¿qué pudo haberlo inducido a ello? Sospecho que también aquí intervino el enojo que le causó la segunda parte apócrifa. Avellaneda llamó a su personaje *Martín Quijada*, con uno de los apellidos que aparecen en el primer *Quijote*, y reiteró el nombre hasta el cansancio. Por llevarle la contra, Cervantes se lo cambió a don Quijote, dándole también un nombre de pila, con clara referencia irónica a Avellaneda.

Pero ¿por qué precisamente *Alonso*, el supuesto nombre de su adversario? Quizá quiso subrayar así la falsedad del seudónimo y, jugando con la pareja «autor-protagonista», afirmar que el verdadero Alonso era su don Quijote. Por otra parte, y sin que esto anule la hipótesis anterior, también cabe preguntarse si no tendrá algo que ver ese *Alonso* con el nombre de la muchacha campesina de la que «algún tiempo anduvo enamorado» nuestro hidalgo, aquella *Aldonza,* convertida luego en *Dulcinea.* Esta posibilidad, que se le ocurrió a mi amiga Nieves Rodríguez, tiene mucho de sugerente. La añoranza de Dulcinea le trae a don Quijote el recuerdo de aquella preciosa Aldonza, que ahora encarnaría en el nombre que él se inventa a sí mismo. Se apellidaba ella *Lorenzo,* y la terminación masculina de este apellido pudo hacer que del *Quijana,* que Cervantes le atribuyó, surgiera en ese momento el nuevo apellido *Quijano,* que se contrapone, por cierto, a los otros nombres que se le habían adjudicado antes, todos terminados en *a.*

Según esta interpretación, *Alonso Quijano* significaría para don Quijote una vuelta a su pasado y la unión con la muchacha con la que había soñado. Los tendríamos a los dos, al final de la gran obra, unidos en matrimonio de nombres, por obra y gracia de la inventiva de don Quijote, y de la genialidad de Cervantes.

¿Y de dónde vendrá el añadido de «el Bueno»? Hay un antecedente claro e inmediato. Dos capítulos antes del final, en ese admirable encuentro de don Quijote con un personaje importante de Avellaneda, don Álvaro Tarfe, éste se ha convencido de que los verdaderos don Quijote y Sancho son los que están frente a él, y dice: «tengo por sin duda que los encantadores que persiguen a *don Quijote el bueno* han querido perseguirme a mí con *don Quijote el malo*». Nuestro héroe contesta: «no sé si soy bueno, pero sé decir que no soy el malo» (II, LXXII, 1206, 1207). En otro de sus malabarismos, Cervantes hace que su personaje adopte poco después el epíteto de don Álvaro, adjuntándoselo al nuevo nombre, y para despistar le añada una falsa justificación: «a quien mis costumbres me dieron renombre de "bueno"» (II, LXXIV, 1217).

Uno se pregunta: ¿por qué ese afán que muestran tantos cervantistas de rescatar, como si se tratara de una novela detectivesca, el nombre previo, supuestamente «real», del protagonista? ¿O por qué afanarse en darle un nombre «definitivo»? Si antes de morir yo decido llamarme «Margarita Franco», eso no tendrá la menor consecuencia. De principio a fin, y pese a sus últimas fantasías, el maravilloso personaje de Cervantes fue lo que quiso ser: don Quijote de la Mancha.

Don Quijote ¿muere cuerdo?

∽

Es OPINIÓN universal que don Quijote muere cuerdo. No pretendo negarlo, pero sí sugerir que la cosa es más compleja. Recordemos brevemente lo que al respecto nos dice el texto de ese capítulo final de la segunda parte. Pero constatemos primero que antes del último capítulo no ha habido ningún indicio evidente de esa metamorfosis. Tantas cosas se anticipan en la segunda parte del *Quijote*, pero, al parecer, de ésta, importantísima, no se nos dice nada. Sabemos, sí, que la obra acabará con la muerte del personaje, anunciada en los epitafios finales del tomo de 1605, luego en el prólogo de 1615 («te doy a don Quijote dilatado, y finalmente muerto y sepultado, porque ninguno se atreva», etc., p. 621), y en el epígrafe del último capítulo («De cómo don Quijote cayó malo y del testamento que hizo y su muerte»). Pero no se anticipa en ningún momento que el hidalgo-caballero va a cambiar nuevamente de nombre ni que va a recuperar el juicio. Doble sorpresa, pues, para el lector.

En el capítulo final la primera señal de la transformación podrían ser las palabras «se le arraigó una calentura que le tuvo seis días en la cama», después de la cual «durmió de un tirón, como dicen, más de seis horas» (II, LXXIV, 1215, 1216). ¿Primera señal? Únicamente para los lectores de aquel tiempo, pues según la nota 10 de Francisco Rico, «la fiebre y el sueño profundo se consideraban señales de la recuperación de la salud mental».

Viene luego el despertar, en que, «dando una gran voz», don Quijote exclama ante ama y sobrina: «¡Bendito sea el poderoso Dios, que tanto bien me ha hecho! En fin, sus misericordias no tienen límite». Y finalmente —porque Cervantes se toma su tiempo— la revelación: «Las misericordias [...], sobrina, son las que en este instante ha usado Dios conmigo [...]. Yo tengo juicio ya libre y claro, sin las sombras caliginosas de la ignorancia que sobre él me pusieron mi amarga y continua leyenda de los detestables libros de las caballerías» (pp. 1216, 1217). Reconoce que ha estado loco, pero, dice, «no querría confirmar esta verdad en mi muerte». Llegan sus tres amigos y don Quijote les pide albricias y les anuncia su nuevo nombre y su rechazo de los libros de caballerías (p. 1217). No menciona entonces ante ellos su recién adquirida cordura. Pero, como hemos recordado en el ensayo anterior, la lucidez con la que anuncia su muerte, pide un confesor y un escribano para hacer su testamento los deja atónitos: «Miráronse unos a otros, admirados de las razones de don Quijote, y, aunque en duda, le quisieron creer» (p. 1218). Deducen, continúa el narrador, que, en efecto, don Quijote está a punto de morir, dado que ha «vuelto con tanta facilidad de loco a cuerdo» —otra creencia de la época—; y, dada la sensatez de sus palabras, «del todo» llegan a «creer que estaba cuerdo».[1] El cura, entonces, exclama: «Verdaderamente se muere y verdaderamente está cuerdo Alonso Quijano el Bueno» (p. 1218).

En lo que sigue, don Quijote vuelve a mencionar su locura, hasta llegar a ese maravilloso parlamento:

Señores —dijo don Quijote— vámonos poco a poco, pues ya en los nidos de antaño no hay pájaros hogaño. Yo fui loco y ya soy cuerdo; fui don Quijote de la Mancha y soy agora, como he dicho, Alonso Quijano el Bueno. Pueda con vuestras mercedes mi arrepentimiento y

---

[1] Puede desconcertar el uso del verbo *creer* en los tres pasajes citados. Pero el *Diccionario de autoridades* muestra que en aquel tiempo se usaba con los sentidos de «convenir, dar crédito y assentar a alguna cosa por dificultosa que sea» y de «pensar, juzgar o estar persuadido a alguna cosa» (*s. v.* acepciones 2 y 3).

mi verdad volverme a la estimación que de mí se tenía [p. 1220].

¿Cuáles son las voces que nos dicen que don Quijote ha recuperado el juicio? Es, reiteradamente, la voz de don Quijote mismo; una sola vez la del cura, que, ya lo sabemos, siempre le ha seguido la corriente a su amigo.[2] Y nada más, salvo, al final, el epitafio de Sansón Carrasco, que termina con el mentiroso verso «morir cuerdo y vivir loco» (mentiroso, en parte, porque antes de enloquecer vivió cuerdo muchos años). Llama la atención que ningún otro personaje presente mencione la recuperación del juicio de don Quijote: ni Sancho (que tantas veces ha dicho que su amo está loco), ni el ama, ni la sobrina, ni, en estilo directo, el bachiller y el barbero, cuya convicción sólo nos es transmitida por el narrador. Tampoco —y esto es aún más notable— da su opinión al respecto el narrador, voz fundamental en la obra, ni siquiera en aquel extraño pasaje en que menciona el nombre de Alonso Quijano.

¿Y qué ocurre al final con Cide Hamete y su pluma? La pluma nada sabe de la inesperada cordura de don Quijote ni de su flamante aborrecimiento de la caba-

---

[2] Véase arriba, pp. 94-95.

llería andante, pues declara que únicamente la muerte del «valeroso caballero» es capaz de impedir que haga «tercera jornada y salida nueva» (p. 1223). Ni el narrador ni los personajes —salvo el cura— asumen la radical transformación que él proclama, la cual, por eso, parece presentársenos en el texto como un paréntesis sin consecuencias, al igual que el nuevo nombre con que se ha autobautizado don Quijote.

Dos preguntas. Según cuenta el narrador, el cura, el barbero y el bachiller, como otros personajes, han presenciado y comentado a menudo la sensatez con que don Quijote habla de muchas cosas, salvo de las tocantes a la caballería. ¿No han hablado de sus «entremetidas razones», «ya discretas y ya disparatadas» (II, XVIII, 781)? ¿Por qué ahora finalmente creen que ha recuperado el juicio? ¿Sólo porque él lo dice, porque afirma detestar aquellos libros y porque prepara tan cristianamente su muerte? Segunda pregunta: ¿por qué nosotros, los lectores antiguos y modernos, le creemos a don Quijote cuando afirma que ya está cuerdo? ¿Acaso le hemos creído cuando, reiteradamente, afirmaba haber socorrido viudas, amparado huérfanos y doncellas, vencido a gigantes y vestiglos; o cuando sostiene que princesas y reinas se han enamorado de él? ¿Sólo porque al final de su vida dice cosas sensatas y actúa como el buen cristiano que nunca fue?

Pienso que Cervantes proyectó sobre la afirmación de la cordura de su héroe un gran signo de interrogación. Cuando leemos atentamente, descubrimos en el texto indicios de que don Quijote no puede ya recuperar el juicio perdido. Hemos visto algunos, como las dudas de sus tres amigos; veamos otros indicios muy importantes.

En Barcelona, cuando Sansón Carrasco le comunica a don Antonio Moreno su deseo de que «vuelva a cobrar su juicio un hombre que le tiene bonísimo», aquél le responde: «Pero yo imagino que toda la industria del señor bachiller no ha de ser parte para volver cuerdo a un hombre tan rematadamente loco» (II, LXV, 1162). Sancho ya lo había dicho varias veces; así, cuando está a solas con la duquesa y su séquito: «yo tengo a mi señor don Quijote por loco rematado» (II, XXXIII, 905). Muchos capítulos antes el joven don Lorenzo, hijo de don Diego de Miranda, ha dicho de don Quijote: «No le sacarán del borrador de su locura cuantos médicos y buenos escribanos tiene el mundo». Y luego viene una definición, a mi ver, definitiva: «él es un entreverado loco, lleno de lúcidos intervalos» (II, XVIII, 776). Excelente, lúcida descripción, porque, en efecto, la locura de don Quijote es total, y sólo *parece* desvanecerse por momentos. Si en esos momentos recuperara realmente el juicio, se horrorizaría de verse convertido en caballero andante, de su atuendo mismo y de toda la vida que ha estado llevando.

Lo que ha ocurrido, dentro y fuera de la novela, es que se ha confundido la lucidez con la cordura, que son cosas muy diferentes. Se nos dice que cuando don Quijote habla de caballerías, enloquece y cuando habla de otras cosas, está cuerdo. Y no: don Quijote está totalmente loco, pero es capaz de discurrir con enorme lucidez sobre toda clase de asuntos.[3]

Y si vamos caminando hacia atrás en esa segunda parte del *Quijote*, nos encontramos con otro pasaje importante a este respecto. Dialogan Sansón Carrasco, hecho Caballero de los Espejos, y Tomé Cecial, su supuesto escudero, después de la derrota sufrida por Carrasco. Dice Tomé: «Don Quijote loco, nosotros cuerdos, él se va sano y riendo; vuesa merced queda molido y triste. Sepamos, pues, ahora cuál es más loco, *el que lo es por no poder menos* o el que lo es por su voluntad» (II, xv, 748).

Y responde el bachiller: «La diferencia que hay entre esos dos locos es que *el que lo es por fuerza lo será siempre*, y el que lo es de grado lo dejará de ser cuando

---

[3] En su famoso libro *Mimesis*, Erich Auerbach defiende la idea de que «existen dos don Quijotes, unidos entre sí como la sombra al cuerpo, uno cuerdo y otro loco» y de que su cordura es «perfectamente normal y corriente». Y para él «Ya esto solo produce una combinación verdaderamente extraordinaria», que no se encuentra en otras obras literarias («La Dulcinea encantada», en *Mimesis*, p. 329).

quisiere» (p. 748).[4] Don Quijote, según esta generalización, es un loco «por no poder menos», «por fuerza», y eso implica que lo será siempre. Es lo que dirán, con otras palabras, don Lorenzo de Miranda y don Antonio Moreno: son tres voces que nos invitan a examinar otra vez de cerca el final de la novela.

En el último capítulo ocurren cosas interesantes, que, pese a lo que proclama don Quijote, podrían contribuir a inclinar la balanza del lado de la locura. Como en toda la segunda parte, saltan a los ojos pequeñas frases, al parecer irrelevantes, pero que dicen mucho. En su testamento, al donarle a Sancho Panza los dineros que tiene suyos, dice don Quijote: «y si, como estando yo loco fui parte para darle el gobierno de la ínsula, pudiera agora, estando cuerdo, darle el de un reino, se le diera» (p. 1219). ¿No estamos oyendo aquí, modificado, al don Quijote de marras, con sus hiperbólicas y absurdas promesas?

Y veamos lo que en el testamento declara en relación con su sobrina: que perderá todo lo que él le está dejando en herencia si ella quiere casarse con un hombre

---

[4] Nótese la contradicción entre lo que Sansón Carrasco implica aquí y lo que dirá a don Antonio Moreno en Barcelona: su afán de que «vuelva a cobrar su juicio un hombre que le tiene bonísimo». Por medio de esta doble mentira muestra Cervantes, sutilmente, que lo que lleva al bachiller a volver a combatir contra don Quijote es lo que ha dicho antes: el deseo de venganza.

que sepa «qué cosas sean libros de caballerías» (p. 1220). Hay que tomar esas palabras literalmente, pues se trata de un documento oficial; don Quijote deshereda, pues, a su sobrina, no si se casa con un asiduo lector de esos libros, sino con alguien que simplemente sabe de su existencia. Tal exceso ¿es de hombre cuerdo? Evidentemente, no, y ello nos lleva a considerar la tremenda pasión que pone don Quijote en su rechazo de los libros de caballerías: «ya me son *odiosas* todas las historias profanas de la andante caballería» y «escarmentando en cabeza propia, *las abomino*» (p. 1217). Sobre los personajes de esas historias, que para él, por cierto, siguen siendo seres de carne y hueso, dice: «Ya soy *enemigo* de Amadís de Gaula y de toda la infinita caterva de su linaje» (p. 1217). Notemos que es justo después de estas palabras cuando sus amigos «creyeron sin duda que alguna nueva locura le había tomado» (p. 1218). Y con razón. ¿No vemos aquí nuevamente, aunque de signo contrario, a un don Quijote que desvaría en cuanto toca cosas referentes a la caballería? Todos éstos parecen indicios de que la locura persiste en don Quijote.

Pero volvamos nuevamente atrás en nuestra lectura de la segunda parte y saltemos a su primerísimo capítulo. Veamos ahí el cuento del loco sevillano que relata el barbero y que tanto ofende a don Quijote. Es el cuento del licenciado que, después de estar años en el manicomio de Sevilla, «se dio a entender que estaba cuerdo y en su entero juicio, y con esta imaginación escribió al arzobispo […] con muy concertadas razones», que «por la misericordia de Dios había ya cobrado el juicio perdido». El arzobispo envía a un capellán a averiguar si es verdad. El rector del manicomio sostiene, y luego reitera, «que aquel hombre aún se estaba loco», aunque «hablaba muchas veces como persona de grande entendimiento». El capellán escucha largamente al licenciado, el cual, «entre otras cosas que […] le dijo fue que el retor le tenía ojeriza, por no perder los regalos que sus parientes le hacían porque dijese que aún estaba loco y con lúcidos intervalos» (obsérvese la coincidencia textual con lo que, diecisiete capítulos después, dirá de don Quijote don Lorenzo de Miranda). El capellán, impresionado por la sensatez con que se expresaba el licenciado, «fue forzado a creer que el loco estaba cuerdo […] y se determinó a llevárselo consigo». Ya «vestido de cuerdo y desnudo de loco», el licenciado pide despedirse de sus compañeros. Uno de ellos, envidioso y vengativo, amenaza con no llover en Sevilla durante tres años, pues él es Júpiter Tonante y puede hacerlo: «¿Tú libre, tú sano, tú cuerdo, y yo loco, yo enfermo, y yo atado? Así pienso llover como pensar ahorcarme». El licenciado tranquiliza al capellán: «No tenga vuestra merced pena», le dice. «Si él es Júpiter y no quisiere llover, yo, que soy Neptuno [...] lloveré todas las veces que se me antojare». Con esto, «desnudaron al licenciado, quedóse en casa, y acabóse el cuento» (II, 1, 630-632).

El barbero ha dicho que quiere contar ese cuento «por venir aquí como de molde» (p. 629). Cuando termina de contarlo, don Quijote responde indignado, con un discurso carente de lógica, en que llaman la atención dos respuestas disparatadamente contradictorias: «Yo, señor barbero, no soy Neptuno [...] ni procuro que nadie me tenga por discreto no lo siendo» (p. 633). Y poco después: «no quiero quedar en mi casa, pues *[sic]* no me saca el capellán della, y si su Júpiter [...] no lloviere, aquí estoy yo, que lloveré cuando se me antojare» (p. 635). Lo más impresionante aquí es que don Quijote acaba identificándose abiertamente con el otro loco. Como antes se ha identificado con el enloquecido Cardenio en Sierra Morena (I, XXIV).

El cuento se le ha quedado bien grabado en la memoria, y en su lecho de muerte recordará lo dicho por el loco de Sevilla, quien «ya por la misericordia de Dios» había recuperado el juicio perdido. Dos veces le hablará don Quijote a la sobrina de las misericordias de Dios, causantes de su recuperación. El paralelo entre los dos momentos no para ahí, pues en ambos hay discursos muy lúcidos, que hacen creer a otros en un retorno a la cordura. Lo que ocurre después con el pobre loco sevillano es una caída en picada al abismo de la locura, de modo que, como el don Quijote de Avellaneda —y la analogía no puede ser casual—, acabará su vida encerrado en un manicomio. ¿Y qué ocurre con don Quijote después de que convence a sus amigos de que ha recuperado el juicio? Ésa es la gran pregunta.

No es remoto que Cervantes introdujera el cuento del barbero después de leer el *Quijote* apócrifo. Además, preparó cuidadosamente ese cuento tan importante incluyendo en el prólogo dos cuentos de locos andaluces, cuentos, por cierto, muy burdos —como hechos para que los lea Avellaneda—, en que los locos maltratan a perros. Gran contraste con el nivel del cuento del barbero.

En todo caso, Cervantes supo bien lo que hacía cuando, en el primer capítulo de la segunda parte, trazando un gran arco hacia el capítulo último, puso en boca del barbero ese relato que, ofensivo para don Quijote, se le quedaría grabado en la memoria.

Ahora bien, si el cuento del loco constituyera una clave para entender el final de la obra, la conclusión sería: don Quijote muere loco. Así lo han sentenciado Sansón Carrasco, don Lorenzo de Miranda y don Antonio Moreno. Es ciertamente tentador, al menos, para mí llegar a tal conclusión: son demasiadas en el libro, según hemos visto, las señales que apuntan en esa dirección. Y sin embargo...

No puede ser casual que todo mundo afirme que en la novela don Quijote muere cuerdo. No puede ser un desatino el que tantísimos lectores le crean al protagonista cuando dice y repite que ya está cuerdo y al cura cuando reitera que «verdaderamente» lo está.[5]

Se diría que Cervantes quiso dejar abiertas ambas posibilidades. Por un lado, hizo que voces autorizadas declararan irremediable la locura de don Quijote y sembró aquí y allá indicios de ello; por otro, dejando de ser «padrastro de don Quijote», le confirió al final una gran dignidad, que, aunada a la solemnidad de una muerte cercana, pudo convencer a los lectores de la verdad de sus declaraciones.

Cervantes no sería Cervantes si hubiera renunciado a llevar la ambigüedad hasta el final mismo de su *Quijote*. Queda en pie, pues, la duda inicial de este trabajo, porque la cosa es, en efecto, más compleja de lo que suele pensarse.

[5] Un gran lector, Jorge Luis Borges, llega a decir: «la forma de la novela exige que don Quijote vuelva a la cordura, y también, que este regreso a la cordura es más patético que el morir loco. Es triste que Alonso Quijano vea en la hora de su muerte que su vida entera ha sido un error y un disparate» («Análisis del último capítulo del *Quijote*», p. 31). Borges, por cierto, compuso un poema sobre «El sueño de Alonso Quijano». Véase también Nállim, «Borges y Cervantes».

¿Cómo leía Cervantes?*

Como es sabido, en la Antigüedad y durante la Edad Media la lectura casi siempre era sonora: lo escrito se leía en voz alta, incluso cuando la persona leía a solas. La lectura silenciosa existió, pero era excepcional. La mayor parte de la gente oía leer en compañía de otros. La lectura involucraba, pues, el oído, la vista, la percepción de los demás oyentes y de quien leía; solía traer consigo, además, la participación de la gente en el «espectáculo» de la lectura. Este fenómeno, que está ampliamente documentado y analizado para los muchos siglos que precedieron al advenimiento de la imprenta, ahora empieza a estudiarse para los siglos posteriores. Sabemos ya que, *como hábito generalizado,* la lectura silenciosa se dio sólo a partir de fines del

* Ponencia leída en las Jornadas de Investigación Cervantina de El Colegio de México organizadas por Aurelio González y publicadas por él en *Cervantes. 1547-1997*, México, El Colegio de México, 1999. La ponencia, en su versión original, está en las pp. 131-137.

siglo XVIII y comienzos del XIX; estuvo ligado a un cambio de mentalidad que propició la intimidad de las personas, condujo del grupo al individuo y del exterior al interior.[1]

Antes de que se generalizara la lectura solitaria y silenciosa, hubo, por lo visto, un largo periodo de transición, en el que había ya personas que leían sólo con los ojos, mientras que otras muchas seguían haciéndolo, por decir así, con la voz y con el oído. Estos fenómenos parecen haber variado de época en época, de país en país y aun de género en género (la poesía, por ejemplo, circuló más tiempo en voz alta; la novela, también, aunque menos, mientras que los tratados científicos solían leerse más en silencio).

Aunque todavía falta mucho por estudiar, sabemos bastante bien cuál era la situación en España durante los siglos XVI y XVII. ¿De qué manera puede documentarse un hecho tan de la vida cotidiana como las formas en que leía la gente? Hay diferentes tipos de testi-

---

[1] Para una amplia exposición de estos temas, remito a mi libro *Entre la voz y el silencio* y a los estudios citados en él. En cuanto a la práctica generalizada de la lectura silenciosa, destaco el muy interesante libro de Erich Schön (1987), cuyo título reza, traducido: *La pérdida de la sensorialidad o las transformaciones del lector. Cambio de mentalidad hacia 1800;* dice ahí, entre otras muchas cosas: «Al renunciar a la lectura en voz alta, el leer pasa del exterior al interior. Y con ello contribuye, por cierto, a conformar ese "interior", tal como lo concebimos hoy en día».

monios. Algunos se refieren directamente a la lectura oral, como cuando el ventero del Quijote, I, XXXII, cuenta cómo se juntan los labradores a oír leer libros de caballerías. Otros testimonios proceden de los ortógrafos contemporáneos, quienes dicen cosas como que la letra «se hizo para el servicio de la voz» y que «se escribe para que se pronuncie lo que se halla escrito»,[2] otros más se derivan de la observación del léxico,[3] por ejemplo, de la frecuente pareja sinonímica «lectores y oyentes» y, sobre todo, de los varios sentidos que solían adquirir los verbos relacionados con el acto de la lectura.

Nada más significativo a este respecto que la definición que, en su *Tesoro de la lengua castellana española*, daba Sebastián de Covarrubias del verbo *leer*, justo por los años en que Cervantes escribía el *Quijote:* leer es «Pronunciar con palabras lo que con letras está escrito». Covarrubias sugiere que todo el mundo cuando lee, ya a solas, ya ante otros, pronuncia lo que lee. Tal parece haber sido en su tiempo el uso más frecuente y el sentido predominante del verbo *leer*. Con ese sentido lo encontramos en muchísimos textos contemporáneos, sin que vaya seguido de ningún añadido que lo aclare. Lo que sí necesitaba explicitarse era la lectura silenciosa; se decía entonces, por ejemplo, «leer para sí»,

---

[2] Véase Frenk, *Entre la voz*, cap. III.
[3] *Ibid.*, cap. IV.

«leer en secreto». Una escena en la tercera jornada de *La verdad sospechosa* de Ruiz de Alarcón es una bonita prueba de los dos usos del verbo *leer*. Cito por la edición facsimilar de la edición príncipe de 1634. Según la acotación, Lucrecia «saca un papel y ábrele y lee en secreto»; luego se lo da a Jacinta, diciéndole: «toma, y lee para ti». En seguida la acotación señala que «lee Jacinta», lo cual implica una lectura en alta voz, y el texto, en efecto, nos reproduce las palabras contenidas en el «papel».[4]

Lo que podemos llamar el «vocabulario de la lectura» en aquel tiempo era muy diferente del actual y de una gran complejidad; con la lectura se asociaban los verbos *oír, recitar, referir, relatar, decir, hablar*, en una intrincada red de significantes y significados, en que se mezclaban los sentidos de la vista y del oído y éstos con la memoria y en que leer estaba estrechamente asociado con la recitación memorística.

Cervantes, con esa su aguda conciencia del lenguaje, dejó constancia a lo largo de su obra de muchos usos del léxico de la lectura; a nosotros nos resultan extraños algunos de ellos, como cuando el licenciado Vidriera, burlándose de los poetas dados a recitar en pú-

---

[4] Edición facsimilar de la *Segunda parte*, por A. V. Ebersole, Valencia, Castalia, 1966, p. 159. En algunas ediciones modernas estos pasajes corresponden a las escenas 5 y 6 del acto III, versos 2423-2447.

blico sus composiciones, evoca a uno que «tuerce los labios, pone en arco las cejas y se rasca la faldriquera, y de entre otros mil papeles mugrientos y medio rotos, donde queda otro millar de sonetos, saca el que quiere relatar», donde *relatar* quiere decir 'leer en voz alta' o 'recitar'.

Observando cómo algunos autores empleaban tales verbos, podemos a veces llegar a hipótesis sobre la manera o las maneras en que leían ellos mismos. En la primera mitad del siglo XVI fray Antonio de Guevara, por ejemplo, aunque claramente escribía para ser leído en voz alta, parece haber leído en silencio él mismo, a juzgar por pasajes como el siguiente: «en la escritura solamente se ceban los ojos, mas con la palabra levántase el corazón», donde *escritura* alude a la lectura puramente visual y *palabra,* como en la definición de Covarrubias, a la lectura oral. En la segunda mitad del siglo Pedro de Navarra hace un elogio de la lectura en silencio, al decir, por ejemplo, «mejor se puede concebir y pensar de lo que se lee que [de] lo que se oye». El libro de Pedro de Navarra se intitula *Diálogos de la diferencia del hablar al escribir, materia harto sotil y notable* (1565), y en él corroboramos la contraposición de la *escritura,* 'lectura en silencio', con el *habla,* 'lectura pronunciada'. Dice, por ejemplo:

> La escritura es de más fácil inteligencia que la habla [...] porque cuando yo leo tiene tiempo mi entendimiento de conocer y entender lo que leo y para [...] retener mejor en la mente la tal escritura, lo que no ha lugar en la plática.

El tema de las diferencias entre la lectura oral y la puramente ocular preocupó aún más a los españoles en el siglo XVII. Escritores como Mateo Alemán y Lope de Vega revelan a este respecto una curiosa ambivalencia, que parece apuntar a un conflicto.[5] Lope suele elogiar muy explícitamente las virtudes de la recitación, aunque también encarece, en ciertos pasajes, las ventajas que trae leer en silencio. En cuanto a su empleo del verbo *leer,* es interesante observar que en *La Dorotea,* hacia el final de su vida, se ajusta al uso más común, pues cuando el verbo va solo significa 'leer pronunciando' y cuando la lectura no es oral Lope siente la necesidad de especificarlo: «Toma y lee para ti» (ed. Morby, 1958, pp. 101, 333).

A Lope en cierto momento le preocupó mucho el hecho de que los editores quisieran publicar sus comedias, trasladándolas de su medio natural e idóneo a otro radicalmente diferente: del espectáculo colectivo

---

[5] Véase Frenk, *Entre la voz,* pp. 175-176.

del teatro al libro leído por una persona en soledad y silencio. Lo afirmó expresamente: «No las escribí con ese ánimo, ni para que de los oídos del teatro se trasladaran a […] los aposentos».[6] Una y otra vez habla Lope de esa lectura de obras teatrales en aposentos y rincones, con conciencia de un solitario encerramiento, de una pérdida irremediable. Quizá Lope mismo leía con frecuencia pronunciando lo que leía.

¿Y Cervantes? Apasionadamente interesado en estas cuestiones, sembraba sus obras de alusiones a las varias maneras de leer. Recordemos en el *Quijote* de 1615 el juguetón final del capítulo XXV: «comenzó a decir lo que oirá y verá el que le oyere o viere el capítulo siguiente» y el igualmente juguetón epígrafe del LXVI, «Que trata de lo que verá el que lo leyere o lo oirá el que lo escuchare leer»; en ambos casos el verbo *ver* remite a una lectura silenciosa y se opone a *oír, escuchar.* Cervantes pensó, sin duda, en la posibilidad de esas dos maneras de leer el *Quijote*. Que imaginó una lectura oral lo muestra, entre otras cosas, el hecho de que los capítulos de la obra rara vez son largos y tienden a una extensión regular, como ocurre también en mu-

---

[6] Prólogo a la *Novena parte* de sus comedias (1617). Ya lo había dicho el editor Gaspar de Porres en los preliminares de la *Cuarta parte:* «Su autor nunca las hizo para imprimirlas»; «[…] el poco gusto que tiene de que se impriman las cosas que él escribió con tan diferente intento».

chos libros de caballerías y en ciertas crónicas: es probable que estuvieran planeados así en función de posibles lecturas orales, a lo largo de muchas sesiones, pues en éstas era importante mantener un cierto ritmo y no cansar a los oyentes.

¿Cómo leía ese gran lector que fue don Quijote? Observa James Iffland con toda justeza que en el *Quijote* todas las lecturas se llevan a cabo en compañía, o sea, en voz alta, salvo las lecturas solitarias del propio don Quijote, que evidentemente se efectúan en silencio. Don Quijote, dice, «representa el "nuevo" lector, característico de la "galaxia Gutenberg" [...], el que lee a solas y en silencio» (p. 39). Es algo que no podemos probar, pero que parece muy posible, entre otras cosas, dada la abundancia de libros que don Quijote tenía en su haber y leía antes de ser don Quijote.

¿Y Cervantes mismo, ese otro gran lector? Si aceptamos que el uso de verbos como *leer* puede apuntar a una u otra manera de leer, cabe formular una hipótesis acerca de Cervantes. Porque hay un hecho notable en las dos partes del *Quijote*: que se invierte el empleo más habitual, que observábamos en la escena de *La verdad sospechosa,* donde el verbo sólo lleva un complemento cuando se aplica a la lectura silenciosa. En Cervantes es al revés: cuando *leer* aparece sin mayores especificaciones, normalmente se aplica a una lectura en silencio, mientras que cuando quiere decir 'leer pronunciando' va (o ha ido poco antes) acompañado de una fórmula que hace explícita la oralidad de la lectura. Veámoslo de cerca.

Don Fernando, en I, XXVII, 313, toma el papel que encuentran en el pecho de la desmayada Luscinda, y, sin que nadie llegue a saber lo que contiene, «se le puso a leer a la luz de una de las hachas; y, en acabando de leerle, se sentó en una silla y se puso la mano en la mejilla»; ha leído, pues, en silencio. En cambio, Ambrosio pide a Vivaldo (I, XIII, 146), a propósito del papel con la canción desesperada de Grisóstomo: «leedle de modo que seáis oído»; entonces todos «se le pusieron a la redonda, y él, leyendo en voz clara». Cuando en Sierra Morena don Quijote examina el librillo de memoria de Cardenio y se topa con un soneto, «leyéndole alto, porque Sancho también lo oyese, vio que decía desta manera» (I, XXIII, 252). Poco después, Sancho le pide que siga leyendo: «Pues lea vuestra merced alto [...]. Y leyéndola alto [...] vio que decía desta manera» (pp. 253-254). Cervantes no teme repetirse, con tal de que quede claro el sentido de *leer* en un momento dado.[7]

Hay una escena en la que concurren las dos modalidades de la lectura, que es cuando Juan Palomeque,

---

[7] *Cf. La gitanilla*, en *Novelas ejemplares*, t. 1, p. 87: «Lea, señor, dijo ella, y lea alto [...]. Y el caballero leyó así».

el Zurdo, entrega al cura el manuscrito que contiene el *Curioso impertinente*. Cervantes tiene buen cuidado de diferenciar las dos maneras de leer: «Leyó el cura para sí tres o cuatro renglones y dijo: "[...] me viene voluntad de leella toda [...]" Mientras [...] había tomado Cardenio la novela y comenzó a leer en ella; y pareciéndole lo mismo que al cura, le rogó que la leyese de modo que todos la oyesen» (I, XXXII, 374-375);[8] no hay duda de que, antes de esto, ambos han leído la novela silenciosamente, cosa que, en este caso, Cervantes recalca con un «leyó para sí». Lo mismo, en la segunda parte: «No se le cocía el pan, como suele decirse, a la duquesa hasta leer su carta; y abriéndola y [habiéndola] leído para sí, y viendo que la podía leer en voz alta para que el duque y los circunstantes la oyesen, leyó desta manera» (II, LII, 1057).

Frente a los dos tipos de lectura hay también en el *Quijote* aquella que consiste en estar «murmurando

---

[8] Una vez aclarado que la lectura es en voz alta, basta con que después se diga «Sí leyera [...], quiero leerla» o «poco más quedaba por leer de la novela [...] el cura, dejando de leer lo que de la novela quedaba» (I, XXXV, 415). Otros tipos de contextos apuntan también a que la lectura no puede sino ser oral (lo cual hace innecesario especificarlo), como cuando Sancho, en la ínsula, puso el pliego «en las [manos] del mayordomo, a quien mandó leyese el sobreescrito» (II, XLVII, 1007). O bien, lo que aclara la situación es un *leamos*: «Por vida de vuestra merced, señor don Jerónimo, que en tanto que traen la cena leamos otro capítulo [...] ¿Para qué quiere vuestra merced, señor don Juan, que leamos estos disparates?» (II, LIX, 1110-1111).

entre dientes», como ocurre con el primer ventero cuando arma caballero al héroe (I, III, 60) y con el renegado del episodio del cautivo (I, XL, 466): «Supe que sabía muy bien arábigo [...] le dije que me leyese aquel papel [...] Abrióle, y estuvo un buen espacio mirándole y construyéndole, murmurando entre los dientes». Así que, sin demasiado temor a equivocarnos, podemos decir que, en cambio, el morisco aljamiado de Toledo leyó en silencio el texto de Cide Hamete, pues sin murmurar, «leyendo un poco en él, se comenzó a reír» (I, IX, 108).

Frente a las dudas y contradicciones de un Lope de Vega, Cervantes muestra una notable seguridad y coherencia en sus usos léxicos, y también, por cierto, en su defensa del teatro impreso, pues de sus comedias dice en la *Adjunta del Parnaso:* «Yo pienso darlas a la estampa, para que se vea despacio lo que pasa apriesa y se disimula o no se entiende cuando las representan».[9]

Ya podemos, creo, adivinar de qué manera procedía Cervantes con los abundantísimos manuscritos e impresos que llegó a tener ante los ojos. Como hombre en tantas cosas adelantado a su momento histórico, es probable que leyera siempre con sólo los ojos, y gozosamente, ya sin nostalgia.

---

[9] En *Viaje del Parnaso*, ed. R. Schevill y A. Bonillla, p. 124.

CODA
Sobre la oralidad en el Quijote*

No es difícil imaginar la lectura en voz alta del *Quijote*, dada la estrecha comunicación que Cervantes sabe establecer con su público, a través de cómo se enfrenta a él, de las cosas que le cuenta y de cómo las cuenta. ¿Cómo se enfrenta el autor a su público en buena parte del *Quijote*? En un lenguaje que podemos llamar *hablado*, y no sólo en el diálogo de los personajes, sino también, y de manera notable, en las intervenciones del ubicuo y múltiple narrador. Dice Francisco Rico, a propósito de la puntuación de las ediciones del *Quijote*: «La norma del estilo cervantino está en la lengua hablada (en ello radica el hallazgo genial en la historia de la novela), y son la entonación y las inflexiones de la lengua hablada las que deben gobernar la lectura». Esa

* Parte de este texto procede del ensayo «Oralidad, escritura, lectura», incluido en la edición conmemorativa de *Don Quijote de la Mancha*, publicada por la Real Academia Española / Alfaguara / Santillana, 2004.

entonación y esas inflexiones nosotros, lectores silenciosos y solitarios del siglo XXI, nos las imaginamos mientras leemos; muchos de los dichosos «lectores» de comienzos del siglo XVII, en cambio, podían escucharlas de viva voz.

O sea que cuando Cervantes escribe *hablando* parece estarse dirigiendo a un público escucha, a manera de los narradores populares, que recitan sus cuentos ante grupos de oyentes. Este último aspecto ha sido admirablemente estudiado por Michel Moner. Nos muestra él cómo Cervantes adopta en varias de sus obras «un *arte de decir* a la manera de los *conteurs* —una pragmática de la narración—», y con ella, las tácticas características de los narradores populares, profesionales o no. Éstos, nos dice, pasan sin problemas del estilo indirecto al directo: basta con una inflexión de la voz. También se meten en el relato; recurren a digresiones; apostrofan ya a un personaje, ya al público, ya al oyente. Abunda en ellos, como en los juglares, todo el léxico referente a la percepción auditiva. Además, los misteriosos «autores» menudean en las obras de ciegos, titiriteros «y otros comerciantes de palabras».

Estos rasgos, sigue diciendo Moner, se encuentran también en ciertas obras anteriores a Cervantes, como los libros de caballerías, las crónicas medievales, la *Celestina*, la *Miscelánea* de Zapata. Sin embargo, añade, la tradición oral que rodeaba a nuestro autor le ofrecía directamente un arsenal de recetas prácticas cuya eficacia él pudo comprobar. Es seguro que conocía perfectamente las técnicas narrativas de la plaza pública. Personajes como Maese Pedro proceden de una experiencia vivida, y las palabras del muchacho, en el *Retablo*, muy probablemente se parecían a las que se escuchaban en los corrales y en las plazas públicas. Recuerda Moner cómo George Haley ha demostrado que ese relato del trujamán de Maese Pedro reproduce, en pequeña escala, el relato oral de un narrador popular profesional y que en él existen notables coincidencias con las primeras páginas del *Quijote* de 1605. Hay además, como lo muestra Haley en una tabla, una sorprendente correspondencia entre el *Retablo* y la macroestructura de la fábula quijotesca.

Moner, que conoce bien el arte de los narradores peninsulares de nuestro tiempo, encuentra otros rasgos del arte cervantino que proceden evidentemente de ese mundo oral, tales como las intervenciones del narrador, consistentes en exclamaciones, preguntas, «paréntesis enfáticos»; las interpelaciones al lector, solicitando su participación y su complicidad; el «veis aquí», que hace visibles las escenas, los adverbios demostrativos y otros giros y fórmulas empleados por el narrador del *Quijote* —recordemos el «no se le cocía el pan, como suele decirse»—, que nos dan la impresión de que el libro «habla», nos habla a nosotros, como a un público. No son, ciertamente, recursos de una escritura destinada únicamente a la lectura silenciosa.

Otro rasgo muy importante que se encuentra en el arte del relato oral es ese fingir «no saber» de fijo lo que ha ocurrido. Desde las dudas iniciales sobre el nombre original de don Quijote, el autor se regodea a cada rato en poner coto a la omnisciencia de su narrador. Todos esos rasgos de oralidad en el texto cervantino, y varios otros más, han sido recogidos y comentados en un interesante trabajo de José Manuel Martín Morán, quien los contrasta con los rasgos que, en cambio y simultáneamente, son inconcebibles sin una elaboración estrechamente dependiente de la escritura y de la publicación impresa.

Entre los muchos aspectos geniales del *Quijote* está la enorme complejidad y riqueza que deriva del encuentro, dentro del texto, de la oralidad con la escritura. Y a ese su saber escribir como la gente hablaba y saber contar historias como se las contaban a la gente debió también, sin duda, la fama que alcanzó desde el momento preciso de su primera publicación y que lo ha seguido acompañando a lo largo de los siglos.

APÉNDICE
*La lírica de tipo popular en la obra de Cervantes**

∽

El gusto por los bailes

Como «no ay muger española que no salga / del vientre de su madre bailadora» (*La gran sultana*, III; *Teatro*, p. 433), cuando en *El celoso extremeño* le piden a Loaysa que toque la guitarra «y que cantase unas coplillas que entonces estaban muy validas en Sevilla», y él las toca, «levantáronse todas y se comenzaron a hacer pedazos bailando» (*Novelas*, t. 2, p. 208); como veremos, una situación parecida se da, pero en la calle, en *La ilustre fregona*, cuando Lope-Carriazo pone a bailar a medio mundo, y en *Rinconete y Cortadillo*, junto con Monipodio, tres mozas sevillanas cantan y bailan alternativamente seguidillas «de las que usaban» (*Novelas*, t. 1,

---

* Este estudio es parte del artículo intitulado «Lírica popular» publicado en el volumen 7 de la *Gran enciclopedia cervantina*. Como todo en este libro, ha sufrido cambios.

p. 262). Las alusiones a la danza y a los bailes populares y las ocasionales citas de sus textos se concentran en el teatro y algunas novelas ejemplares; en el *Quijote* no las hay.

Lo que sí encontramos en el *Quijote,* lo mismo que en novelas cortas, comedias y entremeses —en seguida veremos en qué proporción—, son toda suerte de otros materiales de la lírica de tipo popular: hay cantares, refranes cantados, rimas infantiles y de otros tipos. A juzgar por los textos y testimonios reunidos en el *Nuevo corpus,* varios de los cantares citados o mencionados eran bien conocidos en ese tiempo; entre ellos, los hay con variantes que apuntan a una adaptación cervantina. No encontramos, cosa curiosa, sino una única parodia y, cosa más explicable, ninguna versión a lo divino. Otros cantares de tipo popular, que no hemos hallado documentados antes de Cervantes, deben de ser creación suya, y obviamente lo son todos los hechos *ex profeso* para una pieza y alusivos a su tema. Así, la obra de Cervantes se nos presenta como una síntesis de casi todas las maneras de utilización de la lírica de tipo popular dentro de la literatura del Siglo de Oro.

Cantares y rimas de uno y otro tipo aparecen unas veces reproducidos, otras reproducidos y glosados, otras, simplemente aludidos. Tomados en su conjunto, todos estos materiales de la lírica de tipo popular están distribuidos en la siguiente forma: encuentro cinco en cada una de las partes del *Quijote*; doce en cinco novelas ejemplares *(Rinconete y Cortadillo, El celoso extremeño, La gitanilla, La ilustre fregona, El coloquio de los perros)*; en las piezas teatrales he recogido quince, en trece obras: cinco comedias (*La casa de los celos,* con cinco canciones; *La gran sultana, Pedro de Urdemalas, La entretenida* y *Los baños de Argel*) y los ocho entremeses. (Ni en *La Galatea* ni en *Persiles y Sigismunda* veo materiales líricos que puedan llamarse de tipo popular.) En total encuentro, pues, treinta y siete textos, incluidos en veintiocho obras.

Por supuesto, este registro no incluye otros tipos de poesías cantadas que se citan o mencionan en las creaciones de Cervantes. Por ejemplo, las dos famosísimas coplas cortesanas cantadas por Clavijo que echaron por tierra la honra de la dueña Dolorida, «De la dulce mi enemiga» y «Ven, muerte, tan escondida» (*Quijote,* II, XXXVIII, 943-944), de cuyas agudezas «y trasnochados conceptos» dice ella que «a modo de blandas espinas os atraviesan el alma y como rayos os hieren en ella, dejando sano el vestido». Del mismo tipo son las siguientes: la redondilla «Si mi *fue* tornase a *es*», que había sido glosada por Gregorio Silvestre y otros poetas del siglo XVI y que glosa y recita en *Quijote,* II,

XVIII, el hijo de don Diego de Miranda, suscitando un encendido elogio de don Quijote («que sois el mejor poeta del orbe», p. 778). También: «Afuera, consejos vanos», divulgada quintilla que canta el pastelero mientras hace pasteles, en *El rufián dichoso*, I (*Teatro*, p. 307); «No se hicieron los placeres», tercerilla bien conocida que recita Leonarda en *La cueva de Salamanca* (*Teatro*, p. 813), y el más famoso de todos, «Puesto ya el pie en el estribo» (primer verso, en *La ilustre fregona*, *Novelas*, t. 3, p. 54), que Cervantes incluyó, poco antes de su muerte, en la dedicatoria del *Persiles*. En la vida real estas canciones y otras análogas solían convivir con las de tipo popular en los repertorios de los cantantes. Menos frecuentes en ellos eran otras poesías muy cultas, del tipo de las dos quintillas con «consonantes dificultosos» que comienzan «Como cuando el sol asoma…»; Ricardo las recita al contarle a Mahamut un cuento en *El amante liberal* (*Novelas*, t. 1, p. 191), y también las recita el sacristán en *Los baños de Argel*, III (*Teatro*, p. 256). Aparecen atribuidas a Garci Sánchez de Badajoz en un manuscrito y figuran en otros más. O bien, esa canción que, según afirma el negro de *El celoso extremeño*, es de las pocas que él se sabe; comenzaba «Por un verde prado» (t. 2, p. 187).[1]

[1] En su edición de las *Novelas ejemplares* (Barcelona, 2005), Jorge García López dice, p. 338, nota 96, que se trata del «primer verso de

Bailes cantados
que se citan o se mencionan

1. *Pisaré yo el polvico* era uno de los bailes más famosos; lo vemos cantado y bailado por gitanos en *La elección de los alcaldes de Daganzo* (*Teatro*, p. 763):

> Pisaré yo el polvico,
> atán menudico,
> pisaré yo el polvó,
> atán menudó [*NC*, 1537 A].

En el mismo año de 1615 en el que se publicaron las *Ocho comedias y ocho entremeses* cervantinos este baile es cantado, igualmente por gitanos, en el espléndido poema de Góngora «No sólo el campo nevado», lo cual no puede ser casual. Además, la cancioncita está en otras obras teatrales del siglo XVII. Pero años antes del entremés cervantino el texto se había recogido ya, con el nombre de *correndero*, en un cancionero poético manuscrito, el 973 de la Biblioteca Real (Madrid),

un baile y loa de Lope de hacia 1606-1608». Por otra parte, es también el comienzo de unas liras que figuran en el *Cancionero sevillano de Nueva York*, de 1570-1580 (ed. Margit Frenk, José J. Labrador Herraiz y Ralph A. DiFranco, Sevilla, Universidad de Sevilla, 1996), núm. 377, y en la nota, p. 413, se mencionan muchos otros manuscritos poéticos en que figuran.

recopilado por los años de 1581-1586; ahí tiene una linda glosa de burla anticlerical y lenguaje rústico que vale la pena citar: «Madre mía, el crego, / y non de aquesta villa, / paseaba en praza / por la branca niña. / Tan menudó. // Paseaba en praza / por la branca niña: / íbase tras ella, / vispras non decía. / Tan menudó» (*NC*, 1537 B). Cervantes le inventa una glosa, de dos estrofas en estilo cortesano. Vuelve a situarlo entre gitanos en *La gitanilla* (*Novelas*, t. 1, p. 78), cuando uno de sus admiradores, «viéndola andar tan ligera en el baile le dijo: "¡A ello, hija, a ello! ¡Andad, amores, y pisad el polvito atán menudito!" Y ella respondió, sin dejar de bailar: "¡Y pisarélo yo atán menudó"». Una vez más, aparece este baile en *El vizcaíno fingido* (*Teatro*, p. 785), cuando Brígida decide divertirse: «en verdad que […] pienso […] pulirme y repulirme y dar rostro a pie y pisar el polvico atán menudico, pues no tengo quien me corte la cabeza; que este que piensan que es mi marido no lo es…» Aquí es evidente la connotación erótica del baile, que en *La gitanilla* no era tan clara, dada la ambigüedad (desenvoltura / honestidad) de Preciosa.

2. *La Chacona*. En *La ilustre fregona* (t. 3, pp. 77-82), Lope Asturiano, o sea, Carriazo, tras mondarse el pecho, «escupiendo dos veces», toca la guitarra y canta un romance improvisado, para que las mozas «le bailasen al modo como se canta y baila en las comedias».

«Y en tanto que Lope cantaba, se hacían rajas bailando la turbamulta de los mulantes y fregatrices del baile, que llegaban a doce.» Intercala Lope en su romance un texto de la Chacona, a la que llama «aquesta noble señora», compañera de «la alegre zarabanda,/el pésame y perra mora», «esta indiana amulatada/[...] ésta, a quien es tributaria/la turba de las fregonas,/la caterva de los pajes,/y de lacayos las tropas». El estribillo es:

> El baile de la Chacona
> encierra la vida bona [*NC,* 1523],

y con esas palabras aparece únicamente, que sepamos, en la novela de Cervantes, de modo que podría ser creación suya. Otros varios estribillos del baile encontramos en muchas fuentes contemporáneas, desde fines del siglo XVI; hay abundantes citas en comedias de Lope y autos de Valdivielso, anteriores o contemporáneas de *La ilustre fregona* (*NC,* 1524 A-J); son parecidas al siguiente, que fue quizá el más popular: «Vida, vida, vida bona,/¡vida, vámonos a Chacona!» (*NC,* 1524 E), aunque en algunas versiones se dicen cosas como «Antes que te tornes mico,/¡vida, vámonos a Tampico!» (*NC,* 1524 H), haciendo manifiesto el origen americano, novohispano, que se atribuía al baile.

Tuvo Cervantes especial predilección por los bailes. Adolfo Salazar ha dicho que «las más sustanciosas referencias [musicales] que pueden encontrarse en todo Cervantes son las relativas a las danzas...» y principalmente a aquellas «en cuya mención fácilmente se observa el gusto con que Cervantes se complace en ellas [que] son las que agitan a las gentes de la última zona social» (*La música en Cervantes*, p. 178). Una y otra vez encontramos la sabrosa enumeración de bailes contemporáneos, como cuando cantan los músicos al final de *El rufián viudo, llamado Trampagos*:

> Muden el baile a su gusto,
> que yo le sabré tocar:
> el Canario o las Gambetas
> o *Al villano se lo dan*,
> Zarabanda o Zambapalo,
> el *Pésame dello* y más,
> el Rey don Alonso el Bueno,
> gloria de la antigüedad.

La «alegre Zarabanda», compañera de la Chacona, aparece mencionada otras muchas veces en las obras cervantinas: en las novelas *El celoso extremeño* («el endemoniado son de la Zarabanda», t. 2, pp. 196 y 241), *La gitanilla* (t. 1, p. 74), *El coloquio de los perros* (t. 3,

p. 289), y en las piezas teatrales *La gran sultana (Teatro,* p. 432), *El retablo de las maravillas* (p. 809) y *La cueva de Salamanca* (p. 824), donde el marido engañado pregunta: «—Dígame, señor mío […], ¿dónde se inventaron todos estos bailes de las Zarabandas, Zambapalo y Dello me pesa […]? —¿Adónde?, contesta el Barbero, en el infierno; allí tuvieron su origen y principio». Pero en ninguna de las obras aparece un texto de la Zarabanda; sólo encontramos uno en el tratado de guitarra de Luis de Briceño, publicado en París en 1626 (*NC*, 1542). Ninguno conocemos del Zambapalo, tres veces citado por Cervantes. También menciona sólo de nombre bailes cuyos textos sí conocemos por otras fuentes: la perra mora (*La ilustre fregona,* t. 3, p. 81; *NC*, 1536 A, B); el rastreado (*El rufián viudo,* p. 749), que se llamaba también la gatatumba (*NC*, 1539 A, B); «El rey don Alonso el Bueno, / gloria de la antigüedad» (*El rufián viudo,* p. 750; *NC*, 891).

3. *Al villano se lo dan.* Del famosísimo Villano (*NC*, 1540 A, B) Cervantes nos da, repartido, el texto: «Al villano se lo dan» y «con la cebolla y el pan» (*El rufián viudo, Teatro,* p. 750).

4. *Andallo, mi vida, andallo.* Una breve alusión al baile llamado *El pollo* —«Andallo, andallo, / que soy pollo y voy para gallo» (*NC*, 1538)— parece haber en *La entretenida,* I (*Teatro,* p. 548) cuando dice Ocaña:

«La longura de un cavallo / puede medirla a compás, / yo delante y él detrás; / andallo, mi vida, andallo».

5. *Pésame dello*. Finalmente, podemos ahora reconstruir el texto del baile «Pésame dello» o «Dello me pesa», al cual alude Cervantes nada menos que en cinco obras suyas: *El rufián viudo* y *La cueva de Salamanca*, como vimos, *La gran sultana*, III (*Teatro*, p. 432), *La ilustre fregona* (*Novelas*, t. 3, p. 81), donde se llama sólo «el Pésame», y *El celoso extremeño*, en cuya versión manuscrita se le añaden dos palabras decisivas: «Pésame dello, hermana Juana» (*Novelas*, t. 2, p. 241). Gracias a ello y al admirable Gonzalo Correas, sabemos que el cantar decía en realidad, no como lo completó Rodríguez Marín (*NC*, 1535), sino, al parecer:

> Pésame d'ello,
> hermana Juana,
> [pésame d'ello,
> mas empero, vaya].

El *Vocabulario de refranes* de Correas (1627) lo cita así: «Mucho me pesa, señora Xuana, mucho me pesa, mas empero vaya», y aclara el sentido que solía darse a la expresión «Mucho me pesa, mas enpero vaia» (o «Mucho me pesa, mas no puedo llorar»): «A lo ke no le va nada», o sea, que la persona finge sentir pesar cuando en realidad la cosa no le importa. Y es todo lo que sabemos del texto de este cantar, tan citado por Cervantes y… ¡por nadie más, salvo Correas! No es el único caso en que Cervantes, como Correas, se nos muestra folclorista *avant la lettre*.

Canciones sólo cantadas

Dado lo explícito de sus referencias, siempre se sabe cuándo en Cervantes una canción se bailaba y cuándo sólo se cantaba. A pesar de que es grande el número de canciones bailadas, como hemos visto, las que sólo se cantaban son, claro está, muchas más. Varias de ellas eran bien conocidas en su tiempo:

6. *Bien haya quien hizo/cadenitas, cadenas,/bien haya quien hizo/cadenas de amor* (*NC,* 33, fuente E). Esta canción, en la que se mezclan graciosamente el tópico cortesano de las cadenas de amor y los diminutivos y exclamaciones populares, es, posiblemente, una de las que más larga vida tuvieron dentro de la literatura del Siglo de Oro: la encontramos ya, divinizada, en una fuente de 1550, luego en el cartapacio salmantino de Pedro de Lemos y en Pedro de Padilla, amigo de Cervantes; y a fines del siglo y comenzando el XVII, en un cancionero religioso y autos sacramentales de Lope

y Valdivielso. Lope la diviniza todavía en 1624. Cervantes la glosó en dos estrofas en la comedia temprana *La casa de los celos,* III (*Teatro,* p. 161); la cantan Clori y otra pastora, «con vozes claras e yguales».

7. *Señor Gómez Arias,/ doleos de mí:/ soy niña y muchacha,/ nunca en tal me vi* (*NC,* 888 A, fuente C). Como ha mostrado Juan Bautista Avalle-Arce, el cantar se basa en un personaje histórico del siglo XIV. Tuvo una vida literaria aún más larga e intensa que la anterior: mencionada ya en *La lozana andaluza* y luego en otras obras del XVI; vuelta a lo divino en el *Cancionero sevillano de Nueva York* (1570-1580). Tema de *La niña de Gómez Arias,* de Vélez de Guevara y la de Calderón de la Barca, aparece parodiada en varias obras dramáticas de este último, muchas veces en boca de hombre («que soy niño y solo») y casi siempre como burla de los recatos hipócritas. Cervantes la pone en boca de la pícara sobrina Cristinica de *El viejo celoso* (*Teatro,* p. 827), para mofarse de los escrúpulos de su tía Lorenza. En la segunda mitad del siglo XVII León Marchante muestra a Sancho Panza cuando «a su amo le persuade/ que no le deje y se vaya/ solo, sin ser él la Niña/ de Gómez Arias».

8. *Quien me vido y me ve agora/ ¿cuál es el corazón que no llora?* (*NC,* 832 *bis* A), dicho por Sancho («quien la vido y la vee») en el *Quijote* (II, XI, 711), refi-

riéndose a Dulcinea encantada. Además de citado en los refraneros de Pero Vallés, Hernán Núñez y Correas y en una ensalada de Fernán González de Eslava, aparece cantado en el auto *Árbol de la vida* de Josef de Valdivielso y en un villancico religioso de 1653. Parece que era lo mismo frase hablada que cantar.

9. *¿Cómo estás, loro, di? Como cautivo* y *¡Daca la barca, hao, / daca la barca!*, le dicen los pastores a Rústico, burlándose de él, en *La casa de los celos*, II y antes: «Pregúntale [...] lo que suelen / preguntar a los otros papagayos». Eran, en efecto, dos de las formulillas habituales que se decían a los loros para que las repitieran (véase *NC*, 2100).

Otras canciones citadas por Cervantes tuvieron, por lo visto, menor divulgación:

10. *Ando enamorado, / no diré de quién, / allá miran ojos / donde quieren bien* (*NC*, 66 B, fuente B). En *Los baños de Argel*, II (*Teatro*, p. 235) el niño Francisco pide: «Padre, hágales cantar / aquel cantar que mi madre / cantaua en nuestro lugar» y recita o canta el texto, que coincide con otro reproducido en un cancionero manuscrito florentino que debe de ser contemporáneo. Antes de eso sólo había aparecido en el ya citado *Cancionero sevillano*, y no conocemos más testimonios de la cuarteta, que tiene también bastante de cortesana. Los versos 3-4 circularon independientemente

(*NC*, 66 A) entre muchos autores del XVI, lo mismo como refrán que como cantar.

11. *Derramastes el agua, la niña,/ y no dijistes, «¡agua va!»:/ la justicia os prenderá* (*NC*, 1898). En *La casa de los celos,* II (p. 135) lo «*canta Clori en la montaña y sale cogiendo flores*»; y es curioso que aparezca en ese contexto precisamente, siendo una canción urbana, si las hay. En seguida los pastores Lauso y Corinto, con sus guitarras, van a cantar ese «mismo villancico trastrocado», que han parodiado los dos, y que dice: «Cautivástesme el alma, la niña,/ y tenéysla siempre allá:/ el amor me vengará». Hasta hace poco hubiéramos jurado que la canción y su imitación eran de Cervantes, porque no aparecía en ningún otro lugar, hasta que publicó María Cruz García de Enterría un pliego suelto impreso en Lisboa en 1578, que incluye un «villansico contrahecho a uno que dezia "Derramastes el agua, la niña"»; se trata de una versión a lo divino: «Si no lloráis, alma mía,/ la culpa en vos está:/ la justicia os prenderá». La canción profana, por lo demás, parece haber inspirado otra, religiosa, que figura en los *Conceptos espirituales* de Alonso de Ledesma (1602). Lástima no conocer la música.

12. *Corrido va el abad/ por el cañaveral* (*NC*, 1854 A). También se canta en *La casa de los celos,* III (p. 163), con dos estrofas humorísticas, en una escena cómica

entre rústicos, en que el pastor Corinto trata de componerle a Rústico las amígdalas para que pueda cantar. Curiosamente, el estribillo, con una glosa erótica, también humorística, aparece atribuido a Góngora en un manuscrito de 1593 (y sin la atribución, en otro, de 1620). Lope de Vega glosó a lo divino, en el auto *La maya* (*NC*, 1854 B), una versión algo distinta del estribillo.

13. *Cata el lobo dó va, Juanica,* es citado por Berganza, en el *Coloquio de los perros,* cuando (t. 3, p. 254) compara los usos de los pastores reales con

> aquellos que había oído leer que tenían los pastores de los libros; porque si los míos cantaban, no eran canciones acordadas y bien compuestas, sino un «Cata el lobo dó va, Juanica», y otras cosas semejantes; y esto, no al son de chirumbelas, rabeles o gaitas, sino al que hacía el dar un cayado con otro o al de algunas tejuelas puestas entre los dedos; y no con voces delicadas, sonoras y admirables, sino con voces roncas, que, solas o juntas, parecía, no que cantaban, sino que gritaban o gruñían.

La canción aparece, esta vez sí con su melodía, en dos fuentes musicales del siglo XVI (Mateo Flecha y Francisco Salinas), con música diferente en cada una; además está, con glosa que desarrolla el símbolo erótico del lobo amenazante, en un cancionero poético de fines del siglo, y también se cita en una crónica: la *Historia de Chile* de Alonso de Góngora y Marmolejo. El estribillo es siempre:

Cata el lobo dó va, Juanica [o Juanilla o Juanica, Juanilla], / cata el lobo dó va [*NC*, 1136].

Adaptaciones

Hasta aquí hemos visto los casos en que Cervantes cita textualmente cantares y rimas de tipo popular conocidos en su tiempo, ya muy divulgados, ya poco documentados. Veamos unos cuantos en que Cervantes ha efectuado algún cambio deliberado para adaptar el cantar —o que el personaje lo adapte— a la situación en la cual se canta, en un caso, parodiando una canción conocida.

14. *Venga norabuena / Cupido a nuestras selvas, / norabuena venga* (*NC*, 1227). Lo cantan los rústicos en *La casa de los celos,* II (p. 152), seguido de dos estrofas glosadoras; como en otros cantares de bienvenida del teatro español, la fórmula se adapta al personaje celebrado y a las circunstancias.

15. *Érase que se era, / el bien que viniere para todos*

sea, / y el mal / para quien lo fuere a buscar (*NC* 1430 D). Lo dice Sancho en el episodio de los batanes, *Quijote*, I, XX, 212, adaptando maliciosamente a su propósito parte de esa tan conocida fórmula inicial —o «empuñadura», según Quevedo— de las «consejas». Entre las variantes conocidas —«y el mal / para la manceba del abad», «el mal para los moros / y el bien para nosotros», etc. (*NC*, 1430 A-H)—, sólo el Sancho de Cervantes dice «y el mal / para quien lo fuere a buscar», para luego proceder a «aplicar» esa fórmula, supuestamente tradicional: «Y advierta vuestra merced, señor mío, que el principio que los antiguos dieron a sus consejas no fue así como quiera», porque la frase final «viene aquí como anillo al dedo, para que vuestra merced se esté quieto».

16. *Quien bien tiene y mal escoge, / por bien que se enoja no se venga*. También es de nuestro Sancho, en *Quijote*, I, XXXI, 362, la deturpación humorística del refrán-cantar documentado en abundantes fuentes contemporáneas, «Quien bien tiene y mal escoge, / por mal que le venga no se enoje» (*NC*, 2025 A), incluso con la melodía con que se cantaba. Aquí el disparate sanchesco, seguramente deliberado, parece puro juego.

17. *Sacristán de mi vida, / tenme por tuya / y, fiado en mi fe, / canta ¡Alleluia!*, entona la enamorada Cristina en *La guarda cuidadosa,* mientras friega platos

(*Teatro*, p. 774), imitando una seguidilla que decía: «Al entrar de la iglesia / dixe: "¡Aleluia!, / sacristán de mi alma, / toda soi tuia"», recogida en el manuscrito 3985 de la BNE, junto con una versión a lo divino, que decía «En llegando a la iglesia / dixe mil vezes: / "Sacramento divino, / ¡quán vien pareses!"» (*NC*, 2634); ahora sabemos que ese manuscrito tiene que ser anterior a 1611.

Alusiones

Más abundantes que las adaptaciones son en Cervantes las citas parciales de textos de tipo popular o alusiones a ellos. Ya hemos visto algunas al hablar de los bailes. Otras son:

18. *Hoy está aquí y mañana en Francia y otro día en Potosí*. Lo dice la dueña Dolorida, al referirse a los viajes de Malambruno sobre su caballo Clavileño (*Quijote*, II, XL, 951). Es recuerdo indudable de un cantarcillo que Correas recogió en su *Vocabulario de refranes* (p. 279 a) en forma fragmentaria: «Si la zarza no me enzarza, / oi akí, mañana en Franzia», pero que la tradición oral de Salamanca ha conservado en forma parecida a la de la Trifaldi: «Si la zarza no me enzarza / y me prende en el mandil, / hoy aquí, mañana en Francia / y esotro día en Madrid»; con rima diferente se can-

ta y baila con la danza de palos en pueblos de Cáceres: «Si la zarza no me enzarza / la manga de mi jubón, / hoy aquí, mañana en Francia / y otro día en Aragón» (*NC*, 1007 *bis*). Más folclorista que nunca, Cervantes ha metido en la prosa de su novela una cuarteta popular que nadie más en su época se dignó a recoger:

> Si la zarza no me enzarza
> [la punta de mi mandil],
> hoy aquí, mañana en Francia
> y otro día en Potosí.

19. *Y muérame yo luego* (*NC*, 428): lo dice también Sancho en el *Quijote*, I, x: «y que se llegue ya el tiempo de ganar esta ínsula que tan cara me cuesta, y muérame yo luego», citando, sin duda, el «Véante mis ojos, / y muérame yo luego, / dulce amor mío / y lo que yo más quiero» (*NC*, 428), o su versión devota, atribuida a Santa Teresa (*NC*, 1385), donde el verso citado es culminación de la estrofita.

20. *Pastorcillo, tú que vienes, / pastorcico, tú que vas* (*NC*, 2247). Son palabras de la sobrina para reprender a don Quijote cuando confiesa que quiere hacerse pastor, y es fragmento de cantar, esta vez, no identificado (*Quijote*, II, LXXIII, 1214): «¿Qué es esto, señor tío? Ahora […] ¿se quiere meter en nuevos laberintos, ha-

ciéndose "pastorcillo, tú que vienes, pastorcico, tú que vas"? Pues en verdad que está ya duro el alcacel para zampoñas». Si no es el comienzo de una canción no conservada, podría ser versión tergiversada de la famosa canción que, con música de Juan del Encina, está ya, con variantes, en los cancioneros polifónicos de comienzos del siglo XVI y en pliegos sueltos y que sigue apareciendo en obras teatrales del XVII: «Romerico, tú que vienes,/ de do mi señora está,/ las nuevas d'ella me da» (*NC*, 527). Una versión a lo divino comenzaba «Pastorcico, tú que vienes».

21. *Coche acá, cinchado*, dice Sancho, en *Quijote*, II, VIII, 688-689: «pienso que en esa leyenda o historia que nos dijo el bachiller Carrasco que de nosotros había visto debe de andar mi honra a coche acá, cinchado, y, como dicen, al estricote, aquí y allí, barriendo las calles». Correas, en su *Vocabulario*, p. 608a, cita «Andar a "koche aká, cinchado"» y lo equipara a «Andar a ‹harre aká, cinchado»», explicando su supuesto sentido. Téngase en cuenta que si «¡koche acá!» podría haberse dicho a un cochino, «¡harre acá!» se diría a una cabalgadura, cosa que confirma la rima «Harre acá, cinchado,/ pasaremos el vado» (*NC*, 1032). De modo que la frase de Sancho, que acaso tomó Correas de Sancho, como —sospechamos— adoptó muchas otras, sería tal vez otra cita tergiversada, quizá deliberadamente, por nuestro personaje.

22. *¿Qué saboyana me traéis a mí?*, dice Teresa a Sancho cuando su reencuentro al final de la primera parte del *Quijote* (I, LII, 589): «qué bien habéis sacado de vuestras escuderías. ¿Qué saboyana me traéis a mí?», recuerdo muy probable de la copla típica de pliego suelto en el siglo XVI, «Comprame una saboyana,/marido, así os guarde Dios,/comprame una saboyana,/pues las otras tienen dos» (*NC*, 1793).

23. *El gato al rato, el rato a la cuerda, la cuerda al palo* (*NC*, 1435). Lo menciona el narrador en el *Quijote*, I, XVI, 175, a propósito de la trifulca en la venta de Maritornes, aludiendo a la conocida rima seriada, que perdura hasta hoy, pero que casi no dejó huella en escritos del Siglo de Oro.

24. *Cantando «Tres ánades, madre»*, se dice, en *La ilustre fregona* (t. 3, p. 49), a propósito de los viajes de Carriazo, usando una locución frecuentísima en su tiempo, alusiva a un viejo cantarcillo (*NC*, 182 A) y usada para denotar, según Correas, «el placer y poco cuidado con que se andan algunos».

Canciones inventadas por Cervantes

Finalmente, hay buen número de cantarcillos y rimas que parecen haber sido obra del propio Cervantes y que, de un modo u otro, suelen resumir la idea central de la obra. La más conocida de ellas es:

25. *Madre, la mi madre, / guardas me ponéis; / que si yo no me guardo, / mal me guardaréis* (NC, 152), se canta en *El celoso extremeño* (t. 2, pp. 208-209), y, con básicamente la misma glosa, en *La entretenida,* III (*Teatro,* p. 609). La glosa —«Dicen que está escrito»— es, por supuesto, de Cervantes. Puede sorprender que esta canción, habitualmente considerada tradicional, aparezca aquí entre las compuestas por Cervantes; sin embargo, no parece haber fuentes anteriores. Los dos manuscritos musicales italianos que la contienen incluyen en sus glosas, distintas entre sí y con respecto a la de Cervantes, estrofas que proceden de la suya e, incluso, en el *Romancero de la Brancacciana* hay estrofas que parecen inspiradas en la situación de *El celoso extremeño*. Desconocemos las fechas precisas de esos dos cancioneros manuscritos, pero el de Turín es evidentemente del primer cuarto del siglo XVII y el de Nápoles, de comienzos de ese siglo; ambos pueden ser posteriores a la composición de *El celoso*. Ambos *tie-*

nen que ser posteriores, puesto que sería anómalo que un autor de ese tiempo copiara en una obra suya una glosa ajena.

Suscribo la hipótesis de Jean Canavaggio sobre la factura cervantina del cantarcillo; para ella utilizó un comienzo ya existente: «Madre, la mi madre», que encabeza dos glosas tradicionales, lo mismo que varias seguidillas (*NC*, índice de primeros versos), como la muy pícara de finales del XVI («Madre, la mi madre,/que me come el quiquiriquí», *NC*, 1653); además le debe de haber impresionado un villancico que figura en el cancionero *Flor de enamorados* (1562): «Creo que debo ser l'arca/donde el tesoro tenéis:/¡tantas guardas me ponéis!» En todo caso, la idea contenida en los versos 3-4 es netamente cervantina. El éxito que logró esa seguidilla (véase *NC*, 153 y nota) y su supervivencia en la tradición oral asturiana partieron, evidentemente, de *El celoso extremeño* y de la música.

Cervantes quiso disimular que él era el autor de esa seguidilla y habló de «un cantar que entonces andaba muy valido en el pueblo» (Ms. Porras) o de «unas coplillas que entonces andaban muy validas en Sevilla» (ed. de 1613) y también cuando añadió en el manuscrito que el cantar «hacía mucho al caso para lo que entonces allí les pasaba». Pero del mismo modo «hacían mucho al caso» para las obras en que las introdujo varias seguidillas suyas que veremos en seguida. Como ocurre con algunas de ellas, la de «Madre, la mi madre» es bailada en las dos obras —no, al parecer, en las obras posteriores en que se cita o menciona—. En *La entretenida* se le dedica toda una deliciosa escena al desarrollo de ese baile, que por lo visto era muy sensual y agitado:

> Barbero: —Alto, pues, vayan seguidas./Cristina: —Sí, amigo, porque bailemos./Músicos: «Madre, la mi madre […]»/Torrente: —Esto sí, cuerpo del mundo,/que tiene de lo moderno, /de lo dulce, de lo lindo,/de lo agradable, de lo tierno./Músicos: «Dicen que está escrito […]»/Ocaña: Ya les he dicho que bailen /a lo templado y honesto,/que no gusto que se beban/de las niñas el aliento […]/Torrente: Tampoco a mí me contentan/estas vueltas ni floreos:/que se requiebran bailando,/pues son requiebros los quiebros […]/Varilla de volver tripas,/no hagas tantos meneos;/lagartija almidonada,/baila a lo grave y compuesto [pp. 609-611].

Otras seguidillas cervantinas

La seguidilla es, al parecer, la forma que Cervantes prefirió para las canciones que compuso a propósito para sus entremeses y para *Rinconete y Cortadillo*. Recordemos lo que decía la condesa Trifaldi sobre el caballero Clavijo, que cuando cantaba seguidillas «allí era el brincar de las almas, el retozar de la risa, el desasosiego de los cuerpos y finalmente el azogue de todos los sentidos» (*Quijote*, II, XXXVIII, 944). Siempre cantada, aparece las más veces como estribillo de una letrilla.

26. *Vivan de Daganzo/los regidores,/que parecen palmas,/puesto que son robles*, en *La elección de los alcaldes de Daganzo*. La letrilla la cantan los músicos al final del romance «Reverencia os hace el cuerpo», que es un elogio humorístico a los alcaldes. Muy cervantina es la crítica que de la seguidilla hace el bachiller: «El estribillo en parte me desplace, pero con todo, es bueno».

En otros casos se trata de seguidillas glosadas, o sea, que constituyen la cabeza de una letrilla, como en «Madre, la mi madre» (núm. 25). Así, en la comedia *Pedro de Urdemalas*, en los actos I y III, se cantan tres seguidillas glosadas que se relacionan directamente con la situación del momento; en los tres casos se trata de letrillas romanceadas (o sea, la glosa consiste en un romancillo, pero la estructura es de letrilla). Primero los músicos cantan, «con todo género de música y su gaita zamorana», «para el traer de los ramos» en la madrugada del día de San Juan:

27. *Niña, la que esperas / en reja o balcón, / advierte que viene / tu polido amor.* Se canta mientras enraman la puerta de Clemencia.

28. *A la puerta puestos / de mis amores, / espinas y zarzas / se vuelven flores;* va precedida por: «Vuélvanse a repicar esas sonajas, / hágase rajas las guitarras, vaya / otra vez el floreo […] / Cántese y vamos, que se viene el día». Mucho más adelante, y cumpliendo otra función, aparece la seguidilla que resume lo ocurrido en escena:

29. *Bailan las gitanas, / míralas el rey, / la reina, con celos, / mándalas prender.* Los músicos advierten la presencia del rey y temen represalias: «—Quizá no le agradará / nuestra canción. —Se hará / por ser nueva la canción, / y no contiene otra cosa […] / que es la reina recelosa».

Por otra parte, desde fines del siglo XVI las seguidillas solían cantarse también en series. Así las iba cantando el paje que va a la guerra en el *Quijote* (II, XXIV, 832-833):

30. *A la guerra me lleva / mi necesidad; / si tuviera dineros, / no fuera, en verdad* (*NC*, 1201). «Iba cantando seguidillas, para entretener el trabajo del camino» y «cuando llegaron a él, acababa de cantar una que el primo tomó de memoria, que dicen que decía» (es una lástima que el primo no memorizara las demás, o sea, que Cervantes no compuso aquí otras más).

Hacia el final de *Rinconete y Cortadillo*, en una escena totalmente teatral, se cantan y además se bailan «seguidas» y con un acompañamiento muy especial, cuatro seguidillas improvisadas, al estilo «de las que se usaban», todas compuestas por Cervantes. La Escalanta, «quitándose un chapín, comenzó a tañer en él como un pandero» y a cantar «con voz sutil y quebradiza»:

31. *Por un sevillano / rufo a lo valón / tengo socarrado / todo el corazón* (*NC*, 2491). Es otro caso de rápida divulgación de textos poéticos cervantinos, pues fue recogido por Ambrosio de Salazar, en su *Espexo general de la gramática en diálogos*, publicado en Rouen, Francia, en 1614, p. 519.

Luego la Gananciosa, acompañándose con «una escoba de palma nueva, que allí se halló acaso, y rascándola», para admiración de Rinconete y Cortadillo, «hizo un son que, aunque ronco y áspero, se concertaba con el del chapín», y después de haber escupido o «escombrado», cantó «con un falsete en tercera»:

32. *Por un morenico / de color verde / ¿cuál es la fogosa / que no se pierde?*

Y después, Monipodio, que, habiendo roto un plato y hecho dos tejoletas, las cuales, «puestas entre los dedos y repicadas con gran ligereza, llevaba el contrapunto al chapín y a la escoba», improvisa una seguidilla sobre la reconciliación que acaba de tener lugar:

33. *Riñen dos amantes,/hácese la paz:/si el enojo es grande,/es el gusto más.*

Y finalmente, la Cariharta, que había sido golpeada por su hombre, improvisa su propia seguidilla, pues «tomando otro chapín, se metió en danza y acompañó a las demás, diciendo»:

34. *Detente, enojado,/no me azotes más,/que si bien lo miras,/a tus carnes das.*

Toda esta escena es una pura maravilla. Muestra, además, que las seguidillas cantadas en serie solían repartirse entre quienes participaban en la danza. La melodía, aunque no lo diga Cervantes, sería la misma para todas ellas.

Letrillas refranescas

Varias letrillas creadas por Cervantes para rematar sus entremeses comienzan con un estribillo de carácter proverbial, cosa frecuente en aquella época. Hemos visto ya en Cervantes varios ejemplos de rimas refranescas, ya tradicionales —«allá miran ojos/donde quieren bien» (10), «Quien me vido y me ve agora» (8), «Quien bien tiene y mal escoge» (16)—, ya de Cervantes mismo: «Riñen dos amantes» (33). Pues bien, en cuatro casos los estribillos con los que termina un entremés tienen claro carácter proverbial. Estos estribillos se relacionan estrechamente con el argumento del entremés. Dos de ellos son pareados, y dos, cuartetas; dos suenan a refranes populares y los otros dos, a creaciones más individuales:

35. *Que donde hay fuerza de hecho/se pierde cualquier derecho*, otra letrilla romanceada, cantada y bailada, con que remata *La guarda cuidadosa (Teatro*, pp. 779-791). Cantado y bailado para celebrar el desposorio de Cristina con el sacristán. Los músicos, que son ayudantes del barbero vecino, toman la defensa del soldado perdedor en la primera estrofa y la del sacristán ganador en la segunda.

36. *La mujer más avisada/o sabe poco o no nada*, está en *El vizcaíno fingido*. Letrilla romanceada, compuesta por Quiñones, el vizcaíno, quien previamente les ha dicho a los músicos: «el romance que les di y que saben, ¿para qué se hizo?» Es una burla de la ramera marisabidilla, que se sabe de memoria libros de pastores y de caballerías y que «seis veces al mes/al gran *don Quijote* pasa».

37. *Entre casados de honor,/cuando hay pleito descubierto,/más vale el peor concierto/que no el divorcio mejor*, cantan al final de *El juez de los divorcios*, para ir regocijando la fiesta que han organizado en su casa dos casados muy desavenidos que el juez «concertó,

redujo y apaciguó el otro día». En la primera de las dos estrofas glosadoras se cita, cantando, el refrán «Las riñas de por San Juan / son paz para todo el año», del cual afirmará Gonzalo Correas que «le dicen y saben todos, chicos y grandes, y ninguno he visto que sepa su sentido y aplicación» (*Vocabulario,* p. 213a). Y es precisamente el que Cervantes ha usado para configurar el siguiente estribillo, que conjunta dos refranes muy conocidos y que, en esa forma, no aparece en ninguna otra fuente:

38. *El agua de por San Juan / quita vino y no da pan; / las riñas de por San Juan / todo el año paz nos dan* (*NC,* 1127 C). Cantada y bailada al final del entremés *El viejo celoso* (*Teatro,* pp. 838-839) y alusivo, con sus tres estrofas, a la reconciliación con que remata la obra —«y regocíjense las paces con esta canción»— y que se resume en otra sentencia: «Sol que sale tras nublados / es contento tras afán». El gruñón Cañizares intenta, sin éxito, evitar que se cante: «Cañizares: Señores, no quiero música: yo la doy por recebida. / Músicos: Pues aunque no quiera». Y todavía, tras el baile, hay otro remate graciosísimo: un breve debate sobre si son o no son queribles las vecinas.

No podemos sino relacionar esta preferencia por los estribillos proverbiales con la fascinación que Cervantes sintió por el refranero. Nuestro último texto de tipo popular también tiene cierto carácter proverbial; esta vez pertenece a una comedia.

39. *Aunque pensáis que me alegro,/conmigo traigo el dolor* (*NC,* 879). Lo canta en *Los baños de Argel,* II el cautivo Ambrosio, glosado en dos estrofas zejelescas. En la misma escena melancólica el niño Francisco recita nuestra canción número 10 y Ambrosio canta un romance de cautivo con Julio: «Aquel romance diremos,/Julio, que tú compusiste,/pues de coro le sabemos,/y tiene aquel tono triste/con que alegrarnos solemos».

La presencia en obras de Cervantes de tantas canciones y rimas de tipo popular —citadas, mencionadas, retocadas, imitadas o inventadas— es parte de su bien conocido gusto por el folclor. En las canciones específicas que Cervantes eligió o inventó se conjunta, sin duda, el gusto por lo tradicional y antiguo con el interés por lo actual, por lo vivo en ese momento: como pudimos ver, los bailes y varias de las canciones pertenecen a la realidad inmediata en la cual sitúa las obras, y las formas que suelen adoptar —la seguidilla, la letrilla romanceada— son de muy reciente creación. Ya decía Juan de Mairena que el saber popular «fue el barro santo de donde sacó Cervantes la creación literaria más original de todos los tiempos».

Bibliografía

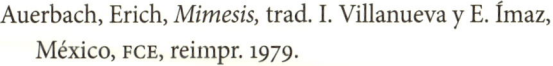

Auerbach, Erich, *Mimesis,* trad. I. Villanueva y E. Ímaz, México, FCE, reimpr. 1979.

Avalle-Arce, Juan Bautista, «Don Quijote o la vida como obra de arte», en *Nuevos deslindes cervantinos,* Barcelona, Ariel, 1975, pp. 335-387.

——, *Enciclopedia cervantina,* Alcalá de Henares, Centro de Estudios Cervantinos, 1997.

——, *Las novelas y sus narradores,* Alcalá de Henares, Centro de Estudios Cervantinos, 2006.

Avalle-Arce, Juan Bautista, y Edward C. Riley (eds.), *Suma cervantina,* Londres, Tamesis, 1978.

BNE: Biblioteca Nacional de España (Madrid).

Borges, Jorge Luis, «Análisis del último capítulo del Quijote», *Revista de la Universidad de Buenos Aires*, 1 (1956), pp. 28-36.

Cervantes, Miguel de, *Don Quijote de la Mancha,* 2 vols., ed. Francisco Rico, Barcelona, Instituto Cervantes / Crítica, 1998.

Cervantes, Miguel de, *Don Quijote de la Mancha*, ed. Real Academia Española / Asociación de Academias de la Lengua Española / Alfaguara / Santillana, 2004.

———, *Novelas ejemplares*, 3 vols., ed. Juan Bautista Avalle-Arce, Madrid, Castalia, 1982.

———, *Teatro completo*, ed. Florencio Sevilla Arroyo y Antonio Rey Hazas, Barcelona, Planeta, 1987.

———, *Viaje del Parnaso*, ed. R. Schevill y A. Bonilla, Madrid, Gráficas Reunidas, 1922.

Correas, Gonzalo, *Vocabulario de refranes y frases proverbiales* (1627), ed. Louis Combet, Burdeos, Institut d'Études Ibériques et Ibéro-américaines de l'Université, 1967.

Frenk, Margit, *Entre la voz y el silencio. La lectura en tiempos de Cervantes*, Alcalá de Henares, Centro de Estudios Cervantinos, 1997; 2ª ed., México, Fondo de Cultura Económica, 2005.

———, *Nuevo corpus de la antigua lírica popular hispánica*, 2 vols., México, Universidad Nacional Autónoma de México / El Colegio de México / Fondo de Cultura Económica, 2003.

———, *Poesía popular hispánica: 44 estudios*, México, Fondo de Cultura Económica, 2006.

———, *Cuatro ensayos sobre el* Quijote, México, Fondo de Cultura Económica, 2013.

Gran enciclopedia cervantina, vol. 7, Alcalá de Henares, Centro de Estudios Cervantinos / Castalia, 2010.

Iffland, James, «Don Quijote dentro de la "galaxia Gutenberg". Reflexiones sobre Cervantes y la cultura tipográfica», *Cervantes*, 17 (1997), pp. 122-144.

Laín Entralgo, Pedro, «La convivencia entre don Quijote y Sancho Panza», *Cuadernos Hispanoamericanos*, 430 (1986), pp. 27-35.

Mancing, Howard, *The Cervantes Encyclopedia*, 2 vols., Westport, Connecticut, Greenwood Press, 2004.

Martín Morán, José Manuel, «Cervantes: el juglar zurdo de la era Gutenberg», *Cervantes*, 17 (1997), pp. 122-144.

Moner, Michel, *Cervantès conteur. Écrits et paroles*, Madrid, Casa de Velázquez, 1989.

Nállim, Carlos Horacio, «Borges y Cervantes. Don Quijote y Alonso Quijano», *Nueva Revista de Filología Hispánica*, 40 (1992), pp. 1047-1056.

Navarra, Pedro de, *Diálogos de la diferencia del hablar al escribir, materia harto sotil y notable* (1565), ed. D. O. Chabers, Berkeley, University of California Press, 1968.

NC: véase Frenk, *Nuevo corpus*.

Paz Gago, José María, «El *Quijote:* narratología», *Anthropos*, 100 (1989), pp. 43-48.

Paz Gago, José María, *Semiótica del* Quijote. *Teoría y*

práctica de la ficción narrativa, Ámsterdam y Atlanta, Rodopi, 1995.

Pimentel, Luz Aurora, *El relato en perspectiva. Estudio de teoría narrativa,* México, Siglo XXI, 1998.

Querol Gavaldá, Miguel, *La música en las obras de Cervantes,* Barcelona, Comtalia, 1948.

Riquer, Martín de, «Cervantes y el *Quijote*», en *Don quijote de la Mancha,* ed. Real Academia Española / Asociación de Academias de la Lengua Española / Alfaguara / Santillana, pp. XLV-LXXV.

Schön, Erich, *Der Verlust der Sinnlichkeit oder die Verwandelungen des Lesers. Mentalitätswandel um 1800,* Stuttgart, Klett-Cotta, 1987.

Stoopen, María, *Los autores, el texto, los lectores en el* Quijote *de 1605,* México, Universidad Nacional Autónoma de México / Universidad de Guanajuato / Gobierno del Estado de Guanajuato, 2002.

Vega, Lope de, *La Dorotea,* ed. Edwin S. Morby, Berkeley y Los Ángeles, University of California Press, 1958.

Don Quijote ¿muere cuerdo? y otras cuestiones cervantinas, de Margit Frenk, se terminó de imprimir y encuadernar en septiembre de 2015 en Impresora y Encuadernadora Progreso, S. A. de C. V. (IEPSA), Calzada San Lorenzo, 244; 09830 México, D. F. Su composición se realizó en el Departamento de Integración Digital del FCE por *Gabriela López Olmos Jiménez* y la edición, de 2 000 ejemplares, estuvo al cuidado de *Teresa Ramírez Vadillo.*